◇刊行のことば◇

二一世紀の世界農業は、我々農業ジャーナリストに、ますます重大な使命を担わせている。それは国の内外にわたる農業や食料に関する正しい情報が、今日ほど痛切に求められているときはないからである。

農政ジャーナリストの会は、一九五六年に創立されて以来、一貫して農業に関する正確な事実認識と公正な情報伝達のために、新聞、放送、雑誌など各分野に働く農業ジャーナリストの力を結集することに努めてきた。本会の機関誌『日本農業の動き』は、このような我々の努力の一端を、日本農業の現在並びに将来について関心をもつ、すべての人々に知っていただくために刊行されているものである。

我々は、本誌が会内外の強い支援に支えられて発展し、我が国農業の進歩に少しでも役立てば幸いであると思っている。

農政ジャーナリストの会

■ 日本農業の動き ■　No.222

有機給食が地域を変える

農政ジャーナリストの会

目　次

農業気象台

▼…国内有数の農業産出額を誇る熊本県。そこに「黒船」のごとく登場したのが半導体受託生産の世界最大手、台湾積体電路製造（ＴＳＭＣ）の熊本工場である。県都熊本市の北東部に隣接する菊陽町で二月下旬、日本初の生産拠点として建設された第一工場の開所式が開かれた。日本政府が描く「半導体再興」に向けたキックオフ。くしくもそのタイミングは、日経平均株価がバブル期を超え史上最高値を更新した時期と重なった。一方、関連企業の進出や住宅建設ラッシュの陰で、農地減少や地下水保全といった課題が急浮上している。

ＴＳＭＣは二月、第二工場も熊本県内に建設すると発表。両工場を合わせた投資額は二〇〇億米ドル（約二兆九六〇〇億円）を超える見通し。このうち日本政府の助成は、外国企業に対しては異例の一兆二〇〇〇億円を見込む。「産業のコメ」とされてきた半導体は米中のハイテク覇権争いも絡み、いまや戦略物資に位置付けられる。既に国内での第三、第四工場の建設も取りざたされている。

▼…ＴＳＭＣや関連企業の進出で、菊陽町をはじめ地元はバブルに似た景気に沸く。地価の上昇率は国内トップ水準。家賃もみるみる上昇。工場周辺の店舗では人材不足を補うため、首都圏を上回る時給二千円を掲げるところも出てきたという。

一方、生活環境の激変に悲鳴も聞こえてくる。農地減少もその一つ。工場や住宅用地の需要が急速に高まり、農地を買い求める動きが活発化している。菊陽町などを管内とするＪＡ菊池は西日本有数の酪農地帯を抱える。借地でトウモロコシなど自給飼料を生産する酪農家が多いが、地権者から土地の返還を求められるケースが増えている。行政が進める遊休地を活用した農家とのマッチングも、希望を沿うまとまった土地は少ない。農地の価格高騰に対する受け止めはさまざまで、売却の好機と考える農家がいてもおかしくはない。

熊本県は工業用地の不足を打開するため、「半導体拠点推進調整会議」を設置。菊陽町など周辺八市町村に農地転用のための特例法活用などを働きかける。優良農地を守りながら、農道や用排水路など基盤整備をしていない農地の転用を誘導すると説明するが、思惑通りに進むかは不透明だ。国策としての半導体企業誘致の前に農業の存在はかすむ一方である。

▼…菊陽町を含め人口一〇〇万人を抱える熊本都市圏は、上水道のほぼ一〇〇%を地下水で賄う「地下水都市」。半導体の製造は、シリコンウエハーの洗浄などに大量の水を必要とする。ＴＳＭＣが熊本に進出した理由の一つがそこにある。

地下水保全へ新たな動きも出ている。例えば、菊陽町や大津町など白川中流域の「ザル田」活用。一帯は阿蘇の火山灰を多く含み、通常より五―一〇倍も水が染み込みやすい。かつての稲作から減反政策によりニンジンや大豆への転作が進んだが、二〇年ほど前から収穫と作付けの間に水を張り地下水を涵養してきた。この水張り面積をさらに拡大し、ＴＳＭＣの大量くみ上げに対応しようとの取り組みだ。

工場の処理水をめぐる環境への懸念も拭い切れない。熊本県は「公害の原点」といわれる水俣病の経験がある。原因企業チッソは当時、化学肥料を生産する国策企業だったが、国や熊本県が工場排水を長年放置したため被害が拡大。被害者の救済はいまだ決着しておらず現在進行形である。肥料と半導体の違いこそあれ、経済最優先の国策という点は共通する。過ちを繰り返すことがないよう水俣の教訓を忘れてはならない。

▼…国は二〇二三年度までの三年間で総額四兆円の半導体支援を打ち出し、北海道や宮城県、広島県などでも拠点づくりを進める。急速に変わる光景は今後、全国各地で見られることになろう。

半導体再興は時代の要請ともいえるが、環境変化のあまりの速さに周囲がついていけないのが実情。特に農業分野は工業と異なり、急な転換が難しい。もとより農業経営は、ウクライナ侵攻や円安による資材高騰の直撃を受けて苦境に陥っている。

そんな中で、熊本県内の農業関連団体と東海大が農業への影響を探る新組織を設立したのは、せめてもの救いである。動向を注視したい。（Ａ）

農業気象台

特集：有機給食が地域を変える

なぜ有機給食を社会が求めるのか　もう一つのオーガニック

会員　小谷　あゆみ

学校給食に地元産の有機農産物を使う自治体が増えている。農家には販路の確保となり、学校と子どもを中心に地域の中で農業関係者と住民とがつながり、協力し、「顔の見える関係」が生まれる好事例も多い。教育、健康、貧困、福祉などの問題に対応する地域政策からも、農地の維持、生産拡大といった農業振興からもメリットが見られる有機給食だが、その実態と課題は何か。農政ジャーナリストの会では、二〇二三年七月―九月期に、四回に渡って研究会を開いた。

学校給食にまつわるトピックとしては、無償化と地産地消も欠かせないキーワードで、研究会の開催時にはテーマを「学校給食と地産地消」としてきたが、講師による報告、事例から得られた共通項を踏まえて、本書にまとめるにあたり、特集テーマを「有機給食が地域を変える」とした。

まずは「有機（オーガニック）給食」を巡る情勢について整理しておきたい。農林水産省の「有機農業をめぐる事情」（令和六年三月）によると、学校給食で有機食品を利用している市町村の数は、二〇二二年度一九三である。これは全国の自治体の一一％にあたり、二〇二〇年度の一二三と比べると、二年間で一・六倍に増えていることになる。こうした有機給食の実施の増加は、オーガニックへの関心の高まりが、個人の志向に止まらず、地域を単位として取り組む「公共調達」への期待や可能性を示しているといえるのではないか。

オーガニックビレッジ　九三市町村

背景には、農林水産省が進める「オーガニックビレッジ」の支援もあるだろう。「オーガニックビレッジ」とは、農水省の「みどりの食料システム戦略」の中の事業で、「有機農業の生産から消費まで一貫し、農業者のみならず事業者や地域内外の住民を巻き込んだ地域ぐるみの取組を進める」市町村を対象としたモデル地区のこと。二〇二五年までの目標一〇〇に対して、二〇二四年二月時点で、九三市町村が宣言している。

生産段階では、団地化による産地形成を目指すが、加工・流通、消費段階では、市町村ごとに体制を構築する事業で、「地産地消、地域内での連携、学校給食での利用、マルシェなど域内流通、地域外都市との提携、産消提携」などがイメージとして盛り込まれている。

「学校給食を有機に」することは、傍線部の「農業者のみならず事業者や地域内外の住民を巻き込んだ地域ぐるみの取組」そのものである。同じ地域に住む大人たちが子どものために協力体制を作れば、結果的に住みやすい、住み続けたい、未来と希望あふれるまちやむらに近づく。有機給食を核とした地域ぐるみの取組は、真の意味での「オーガニックビレッジ＝有機的なつながりをもつむら（まち）」に生まれ変われるチャンスなのである。

有機なのに地産地消しにくい矛盾

これまで有機農産物の販路は、慣行農業に比べて、手間がかかることや収量が安定しにくいこと、認証コストの面などから単価が高くなるため、購買層は限られていた。農水省によると、認証取得農家四〇〇〇戸に対して、認証をとらない有機農家は八〇〇〇戸で、産消提携やＣＳＡ（地域支援型農業）などの形もあるものの、販売先が固定化され、市場で気軽に手に取ることができない。

そのため「地産地消」には限界があり、せっかく環境に配慮した有機農産物なのに、地元の人に届きにくいという矛盾があった。もちろん、個々の経営体がブランド化や高付加価値化することは、健全な農業経営のため当然である。

ここで言う矛盾とは、いま日本が国際社会において有機農業の拡大を急ぐ背景には、脱炭素対策をはじめとした、地球温暖化に対する環境政策があること、また食料の公平な分配や地域振興の面からも、地産地消の循環が叶わない食料システムの矛盾を看過することはできない。

しかし、自治体が公共調達の一つとして「学校給食」の地元産の有機化に取り組めば、生産と消費、中間業者も含めた地域全体が活性化し、様々な社会課題の解決につながる。

有機農業は広がっていないのか

その一方で、農水省の統計データによると、有機農業に取り組む面積は二〇二一年、二万六六〇〇ヘクタールで耕地面積に占める割合は〇・六%と、いまだ一%に満たない。みどり戦略で二〇五〇年に掲げる目標が一〇〇万ヘクタール（全耕地の二五%）であることからすると、「有機農業は広がっていない」という見方が一般的である。

では、冒頭で紹介した有機給食における〝盛り上がり〟と、面積における〝停滞感〟とのギャップは、どう理解すればよいのか。

この問いに対する答えを提示してくれたのが、谷口吉光編著「有機農業はこうして広がった〜人から地域へ、地域から自治体へ」（二〇二三年二月、コモンズ）である。

じつは筆者が、二〇二三年六月に農政ジャーナリストの会の研究テーマとして、「学校給食の有機化の動き」を提案する際に参考にしたのが本書である。編著者の谷口吉光氏は、環境社会学が専門で、秋田県立大学地域連携・研究推進センター教授、有機農業学会の前会長。以下に引用する。

有機農業には産業化と社会化がある

「生活実感では有機農業は広がっているように感じるのに、統計上では有機農業は広がっていない。このギャップはどこから来るのだろう。これまでほとんどの人は『統計データが正しい』と考えてきた。だから日本では『有機農業は広がっていない』という通説が長い間信じられてきた。」「本書はこの通説に挑戦する。確かに、農地面積や農家の数で見れば、有機農業は広がっていないように見える。」

「私は社会学者として、有機農業をひとつの社会現象という物差しで見ている。『有機農業』という言葉を使って人びとがつながったり、集まって行動を起こしたり、さまざまな主張をしたりすることすべてを有機農業と見なすということである。」

「この視点に立って見ると、日本で有機農業はさまざまな形で広がっていることがわかる」。この「広がりを説明するために本書では『有機農業の社会化』という新しい考え方を提案した。「有機農業はその価値と機能によって広がる」「有機農業は経済と技術によって広がる」という、これまで主流だった「有機農業の産業化」という通説に対する反論でもある。」

「二〇〇〇年代以降の特徴として、『政策としての有機農業』が地方自治体に広がりつつある。有機農業を政策に取り入れるということは、有機農業が何らかの公共的価値をもっていることを示唆している。」

以上のように、谷口氏は、有機農業の広がりを「産業化」と「社会化」という二つの論理から考えることを提案する。「産業化」とは「産地づくり」であり、「社会化」とは「地域づくり」である。この視点を得たことで、今回の特集テーマは、「有機給食が地域を変える」という社会現象であり、「有機農業の社会化」というムーブメントの一つとして世の中に表れているのだと理解することができる。

市民発「オーガニック学校給食フォーラム」

そのムーブメントの一つといえるのが、二〇二二年三月一七日に第一回が開かれた市民発の会議、「オーガニック学校給食フォーラム」である。全国から四六〇名がオンライン参加する盛り上がりを見せた。

このフォーラムは、埼玉県小川町で学校給食を有機に変える活動を主宰し、ＮＰＯ法人全国有機農業推進協議会の理事でもある髙橋優子氏が、東京都武蔵野市のＮＰＯ法人メダカのがっこうをはじめ、全国各地で環境教育や学校給食の活動をする市民団体に声をかけて発足した。参加メンバーの多くは、子育て世代をはじめとした女性であるが、地域の首長や議員も巻き込んで急速に活動の輪を広げている。

開催告知の文面から、市民が本気で行動する情熱と思いが伝わってくるので、以下に引用したい。

「有機食材は扱いにくいし、限られた給食費の中でどう工面しているの？」「有機給食を始めたいけど、誰に声をかけたらいいの？」「ＳＤＧｓの時代に求められる地球にも人にもいいはずのオーガニック学校給食。広がらない現実には、自治体のリーダーシップだけではない理由がありそうです」。

ママが二年で立ち上げた協議会

オーガニック学校給食フォーラムの第三回は二〇二四年二月一二日、農水省、環境省の後援も付き、一一団体、五五〇名がオンラインで参加した。

報告では、補助金を使わずにオーガニック給食を実現するフランスの事例、五三〇万人にオーガニック無償給食を提供する韓国など、国内外の経験や実践にもとづいた事例が七団体より紹介された。その中の一人が、ＮＰＯ法人ナチュラルスクールランチアクション副理事長で、愛知県江南市の藤田公仁子さんによる「ど素人の主婦が会長就任　江南市地産地消給食推進協議会」である。

藤田氏は、二〇二一年、長女の入学を機に活動をはじめ、わずか二年で市やＪＡ、地域の有機農家とともに協議会を立ち上げた。市や有機農家を通じてＪＡ愛知北と出会い、地元の農業に関わっていく中で、「遠くの有機ＪＡＳ認証よりも、地元産で環境にやさしいものを優先したい」という考えを深め、話し合いにより、オーガニックという言葉の使用をやめ、協議会の名称を「地産地消給食」にした。

また、藤田氏は、「九九％以上の食を支えて下さっている慣行農家さんも大切」と語ると同時に、「子どもたちによい地球環境を残すため出来ることに取り組む必要性もある」と、明確なビジョンも掲げる。「環境か経済か」ではなく、環境と経済と社会の両立を子どもの給食をきっかけに、ママたちが自分の暮らすまちから変え始めているのである。

愛知発で広がる学校給食の市民団体

ナチュラルスクールランチアクション（以下ＮＳＬＡ）（代表　副島美貴）は、二〇一九年、愛知県あま市で始まったエシカル給食（人や社会、環境によい給食）とまちづくりを掲げる市民団体で、会員は二六〇名、女性が九九％以上を占め、二〇二三年活動の一部をＮＰＯ法人化した。「対立、批判をせず、対話と提案」をコンセプトに、全国に四〇を超える支部団体が活動し、昨年度は九市でエシカル給食の試験導入を実現させた。

また、ＮＳＬＡの大きな特徴は、国際有機農業運動連盟（ＩＦＯＡＭ）の公式認定をうけた参加型の認証制度（ＰＧＳ）を目指している点である

ＰＧＳとは地域ごとにつくる生産者と消費者による品質保証システムで、信頼、社会的なネットワーク、知識の交換の基盤の上に、関係者の積極的な参加活動に基づいて、生産者を認証する制度である。

有機生産の水準は、有機ＪＡＳと同様とされているが、書類作成の手間やコストが軽減されるこ

とから小規模な農家も取り組みやすい。現在、国内でIFOAMに登録されているのは、「オーガニック雫石」（岩手県雫石町）の一例だけであるが、NSLAでもこれに続いて登録の準備を進めている。

平たく言うと、学校給食への有機導入は、自治体の裁量であることから、消費者、生産者、関係者がローカル単位で確認し合うPGSの手法は給食への食材納入に向いているといえる。

有機給食は、関わる人を増やす潮流

このNSLAやオーガニック学校給食フォーラムをはじめとした市民団体、子を思う親たちの行動力をどうとらえるべきか。

国による有機農業や環境保全型農業の拡大策の中でよく使われるのは、消費の喚起、消費拡大のための「国民の理解醸成」「消費者の理解促進」である。

だがこれは国民を消費者としか位置付けていない。ところが、上記で紹介した動きから母親たちをはじめとした市民は「買う人」であるだけでなく、協力体制を作る人であり、つなぐ人であり、自ら「行動する人」であることがわかった。その原動力となるのは、子どものために未来を、現状をよくしたいという愛情や信念である。これはゆるぎない。

こうした全国の地域から始まっている力強い潮流を、農業や行政サイドは果たしてつかんできただろうか。モノが売れない時代、経済成長の時代から次のフェーズに移っているにも関わらず、有機農業を含む農業政策でやろうとしていることは、既出の谷口氏のいう「産業化」というマーケットが中心であった。

産業面に注力するあまり、「社会化」という社会が欲している心理的なニーズをとらえてきただろうか。ここでいうニーズとは、有機のマークの付いた農産物というモノではなく、それをフェアな価格で子どもに届けることのできる仕組みや、暮らしの安心ではないのか。

四人の講師による先進事例

第一回の講師は、千葉県いすみ市の鮫田晋氏である。全国に先駆けて、市内の全小中学校で「一〇〇%有機米給食」を達成したいすみ市で、注目したいポイントはいくつもあるが、はじめに有機給食を提案したのは農家だという。認証取得までの移行二年間の差額を市が引き受け、小中校一二校に週四回、有機米給食を実施している。また、有機米に変えたことで残食が減った事実も見逃せない。さらに野菜の有機にも取り組んでいる。そうした動きに呼応するように、住みたい地域、子育てしたい田舎として移住者が増え、まさに有機農業が地域を変えた、トップの事例である。

二〇二三年六月、全国三五市町村が加わり、「全国オーガニック給食協議会」が設立され、会長にはいすみ市の太田洋市長が就任している。

第二回は、食と農を社会学・民俗学の観点から研究する専修大学人間科学部 社会学科 教授の靍理恵子氏。「有機給食スタートブック」（二〇二三年四月、農文協）の編著者であり、「地域農業と有機農業、地産地消をつなぐのが有機給食である」と説く靍氏に、なぜ有機給食が求められるのか、教育、貧困、健康問題、地域農業、現代社会の問いなおしなど、その背景や可能性も含む「有機給食のとらえ方」について語っていただいた。

「子どもたちの食を豊かにするだけでなく」、「私たちひとりひとりが、食と農、農業、農村と都市、現代社会のありようについて考えるきっかけに」なるのが有機給食であり、人と人とのつながりが弱体化する中、「つながりを作り出し、既存の集団や組織の連帯・連携や、新たな集団・組織の設立」に貢献し、「子どもの貧困に着目することから、学校給食の充実は、社会問題であり、それに必要な経費を公費で賄うことは大事だ」と語る。

第三回は、京都大学大学院 農学研究科研究員（非常勤）で食農社会学が専門の山本奈美氏による「子どもたちが主体となる有機給食の課題と可能性ーカリフォルニア州公立小学校の事例よりー」である。最大の特徴は、一から手づくりするというキッチン教室「フードラボ」で、有機食材の調達にとどまらず、子どもたちが「つくる人」になる総合的な教育プログラムである。学校には菜園もあり、子どもが主体性を持つ学びの場として給食を活用する海外の先端事例である。

第四回は、福島県喜多方市立加納小学校の黒子学校長、吉田賢吾教頭、まごころ野菜の会の山口潔氏である。一九八九年から地元産の「さゆり米（特栽米）」を週五回、給食に取り入れ、翌年からは、野菜も有機・無農薬で導入する仕組みを作った。週五回の米飯給食は県内でも珍しく、教頭は、前いた学校では週三回だったため、毎食米飯に驚いたと語った。

全国で初めて農業科を設けたことでも知られ、先駆的な取り組みの背景には、農村地帯ゆえに農業に従事する家族の要望に加え、子どもたちへの農業教育に情熱を注いだ農協職員の尽力もあった。校内放送で、その日使用した農産物の農家の名前を読み上げ、生産者の顔写真に向かって、全員が「いただきます」と感謝を言葉にする。

まごころ野菜の会では、孫のために野菜を届ける高齢農家が多いが、これは収入とは別の喜びである。食べる側だけでなく、作る側にも主体性をもたらす「顔の見える関係」の創出こそ、今の食料システムで置き去りにされている生産への誇りや励みではないか。

週三・五回の米飯給食　あと一回増やせば

文部科学省の令和三年度学校給食実施状況等調査によると、米飯給食が実施されている学校は、令和三（二〇二一）年度、二万九二二四校、児童生徒数は約九二二万人である。米飯給食の回数は週平均三・五回であり、実際は週三回の実施が最も多い。仮に今より週一回ずつ米飯給食の回数を増やし、週四・五回を目指すとどうなるか。

九二二万人×一杯六五グラム（〇・〇六五キログラム）と計算すると、五九九トンのお米が消費に上乗せされ、年間約二万六三〇〇トンのコメの消費拡大になる。

令和四年度「食育白書」によると、「米飯給食は、子供が伝統的な食生活の根幹である米飯に関する望ましい食習慣を身に付けることや、地域の食文化を通じて郷土への関心を深めることなどの教育的意義を持つもの」と記されている。であるならば、米飯給食を今より週一回増やし、地場産の有機米や特別栽培米を使えば、地域農業の消費拡大にも食育にも有効である。

令和五年の米の生産量は六六一万トン、一〇年前は八一八万トンで毎年平均して一五・六万トン減少し続けている中、年間二万六三〇〇トンの需要は大きく、農家にもやる気をもたらす。

また、コスト面では、公立の学校給食費の平均月額は小学校で四四七七円で一食あたり二五六円、中学校は五一二一円で一食三〇〇円である。いすみ市の場合は、慣行米との差額は一食あたり一七円で、小学校九校、中学校三校の二〇九八人に提供し、六二六万円を市が補てんしている。子ども一人あたり年間三〇〇〇円弱で変えられる。まずは有機の米飯給食から始められないだろうか。

給食を変えれば、地域が変わる

有機給食とは、単なる有機農産物の使用にとどまらない。給食を中心にして、関わる人々の問題意識、協力する体制が生まれる「地域の変化」が欠かせない。

今回は触れられなかったが、その体制づくりには調理サイドやコーディネーターなどのマンパワーが不可欠である。地域における給食センターはいざという時の防災機能を持つことが見直されている。日ごとに増している一極集中の脆弱さを解消するリスク分散としても、地域ごとに小規模、多様、分散型の拠点になる給食の仕組みや給食センターの見直しが求められている。

ある町では給食に有機農産物を届けたいと、耕作放棄地の解消として市民が耕作に乗り出すといった波及効果も起きている。また、学校給食には、郷土学習、環境教育、伝統野菜などの学びから農業体験も含めた食育、教育がセットである。

地元産のごはんの背景を知りながら食べれば、ふるさとの水田を守る意識も芽生える。人が成長するいちばん大事な時期に顔の見える心のこもったものを食べさせるのは、すべての大人の役目である。さまざまな人材、職種が関わる「給食」を変えることは、「人と地域を変える」ことになる。農業（産業）政策だけでなく、教育、健康、福祉、雇用、社会全般から、暮らしやすい地域をつくる自治体の公共調達として「給食」から始められる役割は大きい。

地域の大人たちが、子どものために行動し、協力する姿を見て育った子どもは地域に役立つ人になり、まちが住みたい場所に生まれ変わる。学校給食を有機に変えるこの大きなうねりは、環境、農業、地域、人々を物理的にも心理的にも健全にする様々な力を持っている。

（こたに・あゆみ　農ジャーナリスト）

学校給食から進める有機農業

千葉県いすみ市農林課有機農業推進班長
鮫田　晋

いすみ市での有機農産物の取り組みの経緯

いすみ市の人口は約三万六千人で、それほど知られていない自治体です。千葉県の外房の、九十九里浜の端っこにあります。これといった観光地もありませんし、有名な施設もありません。水田農業を基盤とした、里山地域ですが、海に面していて、かなりいい漁場も有しています。最近、移住・定住政策に力を入れているため、千葉県のなかでも移住者が多い地域です。

いすみ市の学校給食の取り組みは、学校給食をどうしようというよりも、もっと根本的なところ、つまり環境づくり、コメづくりというところからスタートしています。きっかけは、兵庫県の豊岡市がコウノトリをシンボルとした事業を展開していて、当市の太田洋市長がそうした事業をいすみ市でもやりたいと、協議会を設立しました。有機農業はゼロからのスタートでしたが、地元の農協や市民の方々と協働で進めていきました。二〇一三年に、一軒の農家に無農薬栽培に取り組んでいただきましたが、想像以上に草が出て、失敗しました。そこで、勉強しようと、専門家を迎えて、ご指導いただき、農業普及員と農協とも連携し導入を始めました。初めてみると順調で生産者の評判もよく、有機農業をこれからどう拡大していくかということになり、学校給食の目的にも有機農産物が合致し、そこに特化していくことになりました。

　そういう経過を経て二〇一七年の秋の収穫から現在まで、いすみ市の学校給食で提供しているお米はすべて有機米になっています。多くの生産者の協力を得て、外向けへの販路開拓も開始し、それに伴って必要になる有機ＪＡＳの取得も始めています。二〇一八年からは、一部で、有機の野菜の事業も始め、学校給食に取り入れ始めています。

　いすみ市は、水稲の作付面積が約一八〇〇㌶、うち有機農業に取り組んでいるところは、一〇年くらい取り組みをしていますが、まだ四〇㌶くらいです。これからさらに拡大をしていこうという途上です。やっと最近、生産拡大の基盤が整ってきたこともあって、これから数年の間に、面積を増やしていく取り組みをしていこうと考えています。いすみ市には畑に適した場所が少ないのですが、そのなかでも、有機での野菜栽培は三㌶程度ですので、まだまだ拡大の余地はあると思われます。いすみ市の場合、有機農業への取り組みについては、なるべく市役所のほうでもやっていこうと、体制を整えてやってきました。

水稲の有機栽培にあたっては、生産者には基本的に、市が事務局を務める協議会に加入していただいて、市が関係機関と協働でその協議会を運営していくなかで、普及していくことにしていました。有機農業の技術や経営を指導する営農指導の部分も、地元農協では厳しい部分もあり、県の普及指導員もそれほど充実した人員の割り当てがあるわけではありませんので、積極的に市が引っ張っていくという体制のもとで進めています。有機ＪＡＳ認証は、団体一括で取得しましたが、書類作成についても、市役所のほうで支援できるようにしています。子どもたちの地域活動にも率先して対応できるようにしてます。また、野菜を給食に使う場合、給食側と生産側のきめ細かな需給のコーディネイトが必要になりますが、そういった部分も市農林課職員がやっています。

給食での有機米の使用量は、年間で約三二一トンですが、それに要する追加的な食材購入費は六二六万円です。全国ではこれまで有機米で産地形成するという事例は少ないですが、学校給食という、どこにでも必ずある需要と密接にかかわることで、産地形成ができたといえると思います。

有機給食への取り組みの効果

この有機米給食の効果として、非常に世間の関心が高く、いろんな形で報道していただいたことから、市のイメージアップや認知度向上があり、商品の宣伝にもなっています。十分な試算をしているわけではないのですが、億単位の宣伝効果が出ていると思います。なお、有機米づくりは、ある程度つくれるようになればかなりいい収入になります。しかし、技術をある程度習得するまでには二年から三年かかります。普通にお米づくりをしましょうといっても昨今の米価では利益を出すことが難しく、また、お米づくりの場合、スタートアップの設備投資も高額となるため、全国的にいっても、お米作りを志望する新規就農者は極めて少ないです。しかしながら、有機のお米づくりとなると関心を持っている新規就農希望者が一定数おり、就農希望地としていすみ市を選んでくれる人が増えてきました。そうしたことも、有機給食活動の成果ではないかと思います。

　取り組み始めた当初は市としても右も左もわからない状態で、取り組んだ農家も、先は見えないが、とにかくやってみようという感じでした。専門家に教わるようになってからは、技術がだんだん安定してきたことに加えて、学校給食に使うというように売先が確保できていることが、農家をひきつける上でプラスになっていたと思います。現在も産地を拡大しているところです。

　給食自体への効果をみてみます。まずいえるのは、残食が減ったことです。その要因はよくわかっていませんが、うれしい成果であることには違いありません。ご飯の残食が減ってきたこととあわせて、給食全般の残食も減ってきています。

　また、人口減少の時代のなか、移住・定住政策に力を入れている自治体は多いと思います。そのなかで、いすみ市が住みたい田舎ベストランキング（五万人以下の部）で、全国一位になりました。

オーガニック給食だけがポイントではないとは思いますが、かなり大きな評価ポイントにはなっているのではないでしょうか。市の移住・定住の相談を受けている部署では、相談件数が非常に増えていますし、そのなかでも有機給食が話題になることが多いと聞いています。

私は農林課の職員なので、やはり、農業への効果がいちばん気になります。給食食材という一定量がまとまった需要をいただいて、それをどう活かすかということが、農業振興の面での最大のテーマでした。たとえば、四二トンの玄米をつくるには、一〇ヘクタルくらいの田んぼが必要ですが、一人二人の農家が頑張ってやるのではなく、多くの農家に小さな面積で参加してもらい、まずは有機稲作の技術をしっかりと身につけてもらうようにしました。結果、一五人くらいの農家で取り組みました。給食の全量供給達成の後は、販路開拓により数十トン単位で販売していくことになります。そうなると、農家が少数の場合、増産に負担がかかり無理が生じます。先に産地化を見据えている場合、学校給食需要で、より多くの農家を育成することが重要です。そのために公共調達を活かすということが非常に重要だと思います。

学校給食で提供していることが一番の訴求ポイントになっていることから、それに関連した銘柄づくりを行っていて、いすみ市の有機米『いすみっこ』はは非常によく売れています。地域ブランドづくりは、全国いろんな地域で取り組まれていますが、いい商品をつくっても、それを消費者のみなさんに知ってもらうようにしていくには、本来は相当な宣伝費用を要します。いきなり都市のデパートのバイヤーに売り込んでも、なかなか難しい。やはり、まずは地元で地域貢献して、素晴らしい実績をあげて、そのことをタダで宣伝してもらい、都市部での販売に打って出る、そういう戦略が必要でしょう。最近では、市へ問合せが毎日あり、対応しきれないほどです。

なぜ、有機給食が関心を呼ぶのか

有機給食への、一般の消費者の関心が高いことはほんとうに感じています。その方々に、なんで給食を有機にしたいのですかと聞くと、やはり、食の安全の部分が大きいということのようです。遺伝子組み換えやゲノム編集食品、農薬の使い方など、消費者の食への不安は大きいものがあります。世界的にも、給食がオーガニックになっているということはけっこう知られています。とくにＥＵ諸国の印象が強いのですが、お隣の韓国でも、小中高の給食は有機でしかも無償化を実現しています。そういったことから、オーガニック給食の波が日本にもきているのではないかと思っています。また、公共調達をうまく使うことで、オーガニック大国になっている例が多いということもわかってきているようです。ヨーロッパ、ブラジル、韓国がいい例です。日本も、「みどりの食料システム戦略」の中で、有機農業をはじめとする持続可能な農業・農産物を推進していくことになり、オーガニック公共調達が注目されているのだと思っています。

昨年（令和四年）の一〇月二六日、東京で、全国オーガニック給食フォーラムが開催されました。

主催は市民団体でしたが、実行委員会の長はいすみ市の太田市長が務めました。一二〇〇人の会場は満席で、オンライン参加者を含めると四〇〇〇人にのぼり、約四〇の自治体が参加しました。そして今年六月、全国オーガニック給食協議会が立ち上がりました。そこには、自治体だけでなく、農協や生協、市民団体、個人も参加しています。ちなみに、設立初年度の代表理事および事務局はいすみ市が担っています。今日現在で、三五の自治体が加盟しています。もちろん、有機農業で有名な地域も入っていますし、いすみ市のようにこれから進めていこうという自治体が主な構成員となっています。有機稲作振興で私たちがお手本にしたのが、兵庫県の豊岡市です。コウノトリに注目されがちですが、農業の推進という意味では、県と地元農協、市が三位一体となって、それまでは特別栽培米どまりだった米の産地づくりが、有機米でも実現した事例でした。豊岡市にならい、いすみ市も県・農協と協働で進めています。給食での有機農産物の利用という面では、愛媛県今治市の事例をバイブルのように活用させていただきました。非常によくできた地域づくりなので、参考にさせていただいています。

田んぼと農業を守る

一般的に、千葉県に米どころのイメージはありませんが、いすみ市は千葉県のなかでも、根っからの米の産地です。夷隅川の流域（氾濫原）の上に住んでいるようなものですが、低い土地で、粘土質の土壌なので、昔から米づくりが盛んで、おいしい米がとれるところです。ところが、米価が厳しい時代を迎えて、田んぼを誰が守っていくのかということが大きな課題になっています。一方、耕作放棄地も増えてきて、獣もかなり増えてきました。私はここに住んで一八年ぐらい経ちますが、そのころと比べると、今はいたるところからイノシシがでてきます。田んぼがあることで守られていたものが、守られなくなって、獣との戦いが再びでてきました。

田んぼを守れるのは農家だけです。そして、農家を守るには、農家の経営を守らなければなりません。とくに一昨年は、戦後最低の米価となり、ここでは一万円を割ってしまいました。そのなかでも有機米は、得意先からは、一円たりとも価格を下げてくれとはいわれていません。ですから、有機米は、再生産可能なかたちが、過去から現在まで維持されている唯一の銘柄だと思っています。その生産を進めていくためには、その土地にあった栽培技術を確立しなければいけません。土壌条件や気候風土も違うなか、技術の普及体制も必要です。慣行栽培では普及体制が確立されていますが、有機農業ではまだないので、それをつくっていかなければなりません。販路についての課題もあります。普通の米であれば、困ったら農協に出せばいいし、卸に直接出すことも可能です。しかし、有機米は、商系卸では扱っていませんし、農協系統でも扱っていません。やはり、販路開拓が必要でした。それらがうまくいくと、有機米づくりを中心にして、この地域での水稲経営を改善していくことにつながり、次世代に米づくりをつないでいけるという見通しができます。

有機農業は、持続可能な農業といわれていますが、生物多様性の保全・再生に貢献する農業として、有機農業の普及を通して、農村環境を再生し、そういった環境を、子どもたちの教育や都市の皆さんとの交流、まちづくりのさまざまな事業に活用して、まちがまるごと活性化するようにしょういう狙いのもと、推進しています。

取り組みの推進方策

よく、どんな補助金を使っているか、と聞かれるのですが、補助金のような一過性のもので農家の技術や経営を育てるのは難しいと思っています。いすみ市では、農家とともに課題解決を担っていくための協議会をつくっています。この協議会には四つの部門があり、そのうちの二つの部門は水稲と野菜で、これがそのまま有機農産物の生産団体のかたちになっています。生産団体の事務局を農協が担っていることは一般に多いと思いすが、いすみ農協は広域合併JAで合理化が進んでおり、現在まで、この生産団体の事務局を担うことができないため市役所が事務局を務めています。この協議会で、農家や市民、NPOの皆さんとさまざま事業を展開しています。

最初に有機米づくりに取り組んだときには、ノウハウを全く知らないで始めました。組織ができあがって、打ち上げ花火のように、キックオフのシンポジウムなどを開催したものの、事業計画がまだ追いついていませんでした。何もやらないわけにはいかないので、意識の高い農家の方が、とりあえず無農薬栽培を体当たりでやってみようということで始まりました。想像以上に草だらけになってしまって、草の問題をどうにかしないと、とても生産を広がられないと感じた一年目でした。

そこで、勉強しようということになり、ＮＰＯ法人民間稲作研究所の稲葉光國先生に年間通じてご指導いただくことになりました。こうして、いすみ市の有機米づくりが前進していきました。当初は、県に指導を打診したのですが、千葉県のほうには人材がいないということで、外部講師を検討することになり、そこで行きついた稲葉先生に指導をお願いすることになりました。稲葉先生にご提案いただいた技術に、実証的に地元農家に取り組んでもらうことにしました。その調査や助言には、県の方からも参加していただきました。必要な資材、育苗培土、有機肥料などは農協を通じて調達をしました。

有機米づくりには、農家自身が経営向上のために参加するという面もありますが、いすみ市の新しい米づくりの道筋をつくっていくための事業でもあります。市の趣旨に賛同して、せっかく有機米づくりに参加しても、収量が上がらず経営に穴が開いてしまうのは申し訳ないと考え、三年間の実証事業の間は、一〇アール当たり四万円を支払うことにしました。技術面では、さまざまな課題が次から次へとでてきましたが、いろいろな指導機関にお世話になりながら、技術の向上に励んできました。

学校給食への有機米の提供

われわれが始めた当時は、学校給食でオーガニックというのは常識外れだと思われていました。二〇一五年に初めて導入するにあたって、市長からの指示で、給食センターと農林課で話し合いをもったのですが、当時の給食センターの所長からいわれたのは、「給食はこんな高いブランド米を食べさせるようなところではない」ということでした。今回（最初）は、量も少ないし、市長の指示だからやるが、来年からはやめてくれという感じでした。しかし、市民とともに取り組んできて、今では全量を賄うようになっています。勉強会やシンポジウムを高頻度で開催していたのですが、そういった場では、市長が最後までいて、パネルディスカッションでも積極的に意見交換に参加していました。そうして、有機米を給食で使ったらいいという声がだんだん出てきました。

そうした意見に基づいて、収穫物をどのようにして活かしていこうかと、農家たちと話し合いをもったとき、子どもたちに食べさせるのが一番いいという結論になりました。市長に伝えると、すぐにとりかかろうということになりました。二〇一五年にはまだ生産量が少なかったので、予算もあまり必要ではありませんでした。その反響がよくて、市役所にも好意的な電話がけっこうかかってきていました。少なくとも、市民は歓迎しているのではないかという自信が深まりました。市民だけではなく、農家のやる気の部分も見逃せません。子どもたちの主食を任されることに対する誇りがでてきました。量をもっと増やすには、もっと頑張らなければいけないという気運がでてきました。

給食の米飯への有機米一〇〇％の提供を目指す上で課題となったのはお金の問題です。給食費を上げるのは無理です。だからといって、ほかの食材を切り捨てるのも難しい。値の張るものを、毎日、どうやって使っていくのかということです。結論として、市で購入費をもつことにしました。予算化にあたって、何のための予算なのかという議論が必要になります。市民が期待するのは、やはり食の安全だと思いますが、それだけを強調すると、普通の米が危ないのかという不安を掻き立ててしまいます。もっと多面的な議論の展開が必要で、子どもたちの食育と、有機農業という新しい産業を育てるという趣旨もあります。今まで使ってきた米と有機米との差額が出ますが、その差額部分だけを、自治体の一般財源で購入費を用意しました。普通の米の値段に相当する部分は、保護者からいただく給食費の方から購入費を充てています。

有機農業の普及に向けて

市は、有機米で産地形成をすることをはじめから目標にしていました。仮に技術的につくることはできても、それを全量販売、しかも有利に販売することになると、農家には技術力に加え販売力まで求められます。農家にはよいものを作ることに集中してもらい、売先の心配をしなくていいようにすることが必要でした。そこで、地元の農協と連携して、有機ＪＡＳの米への転換中の米も含めて、有機農産物相当の金額で全量集荷するようにしました。生協をはじめとして小売まで、さまざまなかたちで販路を形成していますが、農協だけに販路開拓を任せないで、われわれ行政も販路開拓に積極的にかかわるようにしてきました。

有機農業を普及すると、有機JASを取得する必要があって、その場合、必ず転換期間中の米ができてきます。その期間中の米を、それなりの金額で買い取ってあげないと、農家のやる気がでてきません。せっかく有機でつくっても、二年間は一般の米と同じ金額にしかならないということでは、かわいそうです。そこで、転換中の米も、有機農産物相当の金額で買い取るようにしますが、その米の大部分は学校給食で使われます。したがって、売れ残りの心配はしなくて済みます。

現在、ある程度、有機米づくりの基盤ができて、さらに支援していこうとしています。施策もいろいろなかたちで用意しています。しかし、技術が定着するまでに三年程度かかるというのが実感です。その期間は収入が減ってしまうので、当初の二年間だけ、市独自に一〇アール当たり二万八千円、国の補助金と合わせて四万円を支払っています。なお、乗用の除草機やポット苗のシステムなど、有機農業を実践するために、あったほうがいいという機械もありますが、いきなり設備投資をするのではなく、市で保有したものを貸すという体制を整えています。将来的に農家が購入する場合は、県と共同で三分の二の補助がでるようになっています。

今、田の持ち主は、自分で耕作はできないにしても、自分の資産である田を貸すとなれば、いままで農業をきちんとやってきている地元農家に貸したいと考えます。しかし、地元農家もこれ以上の規模拡大は望んでいません。また、地域外から参入したいという人がきても、信用がないため誰も田を貸したがりません。こうしたミスマッチがあり、優良農地であっても近年、不作地が増えています。そこで、新規就農希望者には、まず地元農家の元に研修に入ってもらい、人物としての信頼を得てから自立就農するように勧めています。有機稲作で新規就農を募集すると、かなりたくさんの人が応募してきます。

有機野菜への取り組み

もともと、いすみ市は畑地そのものが少ないところであり、有機野菜生産については、当初はまったく計画していませんでした。しかし、有機米給食を始めると、以前から有機農業に取り組んできた農家グループから、自分たちのグループで生産した有機野菜も給食に取り入れてほしいという要望が寄せられました。要望を出してきた農家の方が、高齢でもあり、売先を求めて給食利用を目指しているわけではなく、生きがいとして参加したいということでした。その他にも野菜栽培では、新規就農者が結構いて、そういった方はまだまだ経営的に自立しているわけではないので、給食で利用すれば少しでも経営にプラスになるのではないかとも考えました。高齢農家の生きがいと新規就農者の経営の両方に貢献できる事業にしていこうと考えています。

いすみ市では、学校給食センターに地元の青果店数社が月替わりで野菜を提供しています。下茹でされたものや冷凍品などもかなりのウェイトを占めていて、そういったものは県学校給食会から購入しています。青果も加工品もどれも地元産のものではありません。いすみ市の給食では、有機米給食の事業は始まるまで、地元の野菜を一度も使ったことがありませんでした。野菜の場合、流通上の課題が大きく、地元の野菜を扱える流通システムをつくっていかなければなりませんでした。そこで、地元の農産物直売所に協力していただき、直売所で、一日当たりに必要なロットをまとめていただいて、給食センターに配送するという流れを作りました。ちなみに、地産地消・有機の給食をやるからといって、給食センターの人員増などの体制変更は行わず、できるところから無理なく使用できる品目・時期からやっていくという考え方です。月に一回集まって、栄養士の先生が、献立から、使用する野菜の種類と量を割り出してくれます。そして、この日の野菜は誰が担当するかという割当を決めて、皆で共有します。その取りまとめはわれわれがしていますが、天候によってはスケジュール通りに出荷ができないこともあります。その場合、代わりの生産者を探します。それでも見つからないとき、初めて給食センターに連絡します。センターでは、不足分を青果店に再発注し、青果店に市場仕入れを行ってもらい補ってもらいます。野菜の場合、そうしたコーディネーターを誰かが担わないとすすみません。

野菜のサイズを揃えることは、農家側でやらざるをえません。たとえば、小松菜の利用は、当初はＬサイズだけだったのですが、農家段階で単一のサイズだけを相当量まとめて出荷するのは難しいので、ＭからＬというふうに幅をもたせてもらいました。ニンジンについては、大ぶりの品種をみつけて、それを有機でつくってもらっています。採れたものは、直売所の保冷庫に入れられ、翌日配送で、三日目には子どもたちの口に入ります。鮮度面でもいい流れになっています。野菜の事業を始めた令和元年は、見本を持ち寄った程度の量でしたが、今では、八品目、年間五トンくらいの実績があります。今年から、学校だけではなく、保育園とこども園の給食にも有機野菜を使用するようにしました。

　学校給食に提供する有機野菜には、有機ＪＡＳとは言わないまでも特別栽培で、農薬・化学肥料の栽培期間中不使用という認証の取得を義務付けています。特別栽培の認証は第三者認証です。せっかく認証機関にお願いするのであれば、それをいすみ市のオリジナル認証制度にしようと、今年度から、野菜を対象にした、いすみ市オリジナルの認証制度を始めています。その確認事務は、有機ＪＡＳの登録認証機関に、書類から全筆の圃場検査をお願いしています。

　なお、有機米づくりの、田植えから収穫、口に入るまでの体験を、小学校五年生を対象に行っています。田んぼの生き物調査もしています。私としては、学校の校庭が本格的な菜園になっていることが理想ですが、現状は、子どもたちが畑にきて、種まきをして、収穫をすることをしています。収穫物の一部を家庭に持ち帰って、家庭で使っていただきますが、給食でも使用します。自分たちで収穫して、自分たちの給食になって食べるという体験をしています。

（さめだ　しん）

〈質　疑〉

――学校給食への有機食材提供の今後の目標はどんなことでしょうか。有機農産物の供給先の拡大は考えていますか。

鮫田　給食の実施者は教育委員会、保育所は市です。われわれができるのは、食材の部分が中心ですが、まだまだ対応できていないところがあります。野菜については、流通での課題が大きく、とくに既存の青果業者への連携を呼びかけができなかったので、生産者が日頃付き合いのある直売所にお願いすることになり、試行錯誤で今の仕組みをつくりました。直売所には学校給食への食材提供に新規に参入してもらったので、有機野菜の利用拡大により既存の青果業者の売り上げが減少してしまいます。割に合わないと、仮に青果業者が給食への提供を撤退してしまったら、給食センターの調達力が低下してしまいます。やはり、ほかの業者にも配慮しながら、有機振興を進めていかなければなりません。学校給食への導入率を高めていくという方針は変わりませんが、業者との連携という意味で、保育園では、既存の全ての青果業者と同じ仕組みでやろうと考えました。それを今年から始めましたが、うまくいくと、今度は、青果業者はどこからでも地元の有機野菜を調達できることになり、業者間の利害の対立がない状態で、学校給食での使用割合のさらなる向上が期待できます。そのように、目の前の課題をひとつひとつクリアしていかなければなりません。そこが、一気にできる米とは違うところです。そうして、野菜でも半分以上は地元産の有機というかたちにもっていきたいと考えています。それを通じて、学校給食の活性化に取り組み、献立で季節のものを入れるなどの工夫をしたり、〝分搗き米※〟の提案などもしています。（※編集部注：分搗《ぶづ》き米とは、玄米を胚芽や〝ぬか〟を一部残して精米し、玄米の栄養素を残したお米のことです。精米率によって五分づき米、七分づき米と呼ばれ、数字が小さいほど玄米に近く、大きいほど白米に近いお米になります。）

有機ＪＡＳのお米は足りていません。とくに生協関係では足りていないという声が聞かれます。皆さんの近くのスーパーで有機米が普通に買えるかというと、そうではないと思います。今のところ、うちでは農協から直接得意先に販売していますが、たとえば県内の他地域に同様の取り組みが広がれば、全農ちば経由という、系統にも有機米が乗っかってくるようになると思います。そうすると、有名スーパーでも、有機米の売り場を提供できるようになるでしょう。有機米の分野は、今のところ産地間競合はないので、協力してマーケットをつくっていくべきでしょう。私たちは、学校給食への有機米利用で先行している自覚をもっていますので、都市部、とくに東京都の公立小中学校の給食に本格的に提供していくことを、全国の農村地域と連携して取り組んでいきたいと思っています。まず自分の地域の学校給食で使っていき、それを通じて有機米の産地形成をして、外部にも売れるようにしていく。そういった産地をたくさんつくって、連携して、大都市の学校給食に本格的に有機米を提供していけるようにする。一〇年後くらいの目標にしていくべきだと思っています。

――現在、保育園では一〇〇％有機米の給食はまだやっていないのですか。

鮫田　保育園では、野菜、とくにじゃがいも、たまねぎ、ニンジンからやろうとしています。米でないのはなぜかというと、保育園は、その地域の商店から仕入れていて、それぞれ勝手が違います。そこに、有機を無理やり入れると、学校給食に提供するために米をつくってくれている既存の生産者を阻害してしまうことになりかねません。しかも、取り組むのなら、市内の保育所すべてで一律にやってほしいという要望もあります。あるところの保育園で有機米をやっていて、ほかの保育園でやっていないというのは、よくない。そんなことから、米については、今のところ、足踏み状態です。慎重に進めようとしています。利害の対立のないかたちで進めようとしていますので、野菜からとりあえずやっていこうという方針です。

――「みどりの食料システム戦略」への期待、そして現場での課題はどんなことでしょうか。オーガニック・ビレッジはとっていらっしゃいますか。

鮫田　今は、ほかの部分で予算を確保できていますので、オーガニック・ビレッジは来年度にとろうと考えています。市に有機農業推進班が今年度できて、さらに大きなステップアップを計画しています。

――有機食材に関しては、教育委員会や栄養教諭、栄養士からの情報発信はまったく少ない状況です。そうした関係部署への働きかけをしていただけるといいとは思っておりますがいかがですか。

鮫田　そういうところでの議論が活発になることをたいへん期待しています。給食現場に充てられている人員は、ほんとうにぎりぎりです。教育サービス全体の合理化が進んでいるのかもしれませんが、最低の人員しかありません。栄養士は児童一〇〇〇人に一人の割合です。一人は県職で、一人は市の予算で確保している状況です。学校給食の、これまでの制度を着実に運用するだけで手いっぱいです。それに加えて、食育の授業などがはいってきています。いすみ市の場合、市の職員として、センター長が一人、事務に二人就きます。しかし、いずれも給食という教育行政のプロというわけではありません。それでも回るのが、センター調理委託という方式です。誰がきてもできるという仕組みです。創造的に運用していくことはあまり期待できません。給食を改善することが、どれだけ人員的に手間がかかるかがわかると思います。

一方、武蔵野市のように、実現できている自治体もあります。もう少し予算を増やして、人員を増やす、あるいは委託費を多めにして、手づくりの割合を増やすことは可能ではないでしょうか。未来に向かって創造していくという、インセンティブあるいはモチベーションが必要です。トップダウンなら簡単ですが、そういう仕掛けがないと、今いる人たちだけで頑張れといっても無理です。ほんとうに進めたいという、自治体の価値感や方針に基づいて、特別な人員体制を組むべきです。そして、その人員をわずか数年で異動させるようなことではうまくいきません。ことにあたるにしても、三年、五年、場合によっては一〇年で取り組むこともあるでしょう。何年にもわたって、ＰＤＣＡサイクルを回してやっていくものです。二人体制で、常に伴走しながら、どちらが抜けても、新しい体制でまた回わっていくというようにしていくべきです。本気でそういう体制を用意して、市の施策の重点に結び付けてやるのか、やらないのかです。いすみ市でも、現実はまだそこまではいっていないとは思います。

――県の学校給食会との関係はどうでしたか。

鮫田　給食センターを新しく統合したときに、市長の意向で、学校給食会からの米の調達をやめました。センターを新設したときから、地元のいすみ農協の精米施設で精米をしてもらっています。有機米に切り替えるときにはすでに、学校給食会を通していませんでした。

――全国からの視察が相次いでいると思いますが、いすみ市がここまでできた理由は何だとお考えですか。

鮫田　いすみ市がやったことは、少なくとも有機米については、すでに確立された仕組みですので、全国どこでもできると思います。しかしいすみ市が取り組み始めた当初は、事例そのものが少なかったので大変でした。市役所の業務は慣例的なものがほとんどですので、創造的に業務をしていくという経験があまりありませんでした。人事異動は三年から四年ごとに行うことが絶対だと思い込んでいました。市役所として、農家の経営支援、とくに有機稲作技術の普及に力を注いできました。今では、都道府県の普及指導員も、有機に積極的にかかわってくる時代になりつつあるようです。私のように、農業を全く知らない素人が、突然、実証圃の設計などをしなければいけない状況になるとはそうないと思います。農家の経営や技術の部分に入り込んでいくことは、無理と考えてしまうのですが、そこに飛び込んでいく勇気も必要でした。一般的な市町村の業務としては、敬遠されがちかもしれませんが、今はそうでもないようです。農協や県の普及指導員もかなりかかわってくると思いますので、どこでも取り組めると思います。実際、やりはじめているところは、うまくいっているようです。米に関しては、何の心配もなくできると思います。ただ、野菜は、ノウハウが確立されてはいません。ジャガイモ、タマネギ、ニンジンは比較的簡単にできるようです。

――いすみブランドを確立すれば、面倒で費用のかかるＪＡＳの認証をわざわざ受ける必要もないのではないですか。

鮫田　一般の消費者を相手にすると、やはり、有機認証は必要でしょう。大手の生協は当時、有機ＪＡＳでなくてもいいというところもあったのですが。今では、ＪＡＳが求められます。豊岡市のコウノトリの米も、最初はＪＡＳをとっていませんでした。それでも、無農薬でけっこう売れていたようです。しかし、いすみ市の場合は、ＪＡＳをとらないと難しかったと思います。むしろ、ＪＡＳをとろうとしたときに、どうすればとれるだろうと考えて、今のような仕組みにしました。

結論からいうと、有機農産物を生産する農家を組織化して、そこに事務方の人間を一人置けば、誰でも有機ＪＡＳがいとも簡単に取得できます。事務方の案内で農家も制度を覚えれば、近隣の農家と揉めることもありません。いすみ市では隣の慣行田と揉めたことは一回もありません。農家の自助努力だけに任せるから、結果として難しいとなります。誰がサポートするのかと、前向きにやっていったらいいと思います。

――米価が下がっている現在、積極的にオーガニックにすれば、経営として浮上するのでしょうか。

鮫田　慣行栽培と有機栽培の二元的な比較ではなくて、とくに有機栽培は、農家の技術力の向上を図ることが重要です。優れた生産者も一夜ではスーパーマンにはなれません。何年も慣行栽培で米づくりをやってきた人でも、ある程度満足いく有機米をつくるには何年もかかります。われわれがやっているのは、農家の成長を促すための支援であり、人材育成型の事業なので、時間がかかります。ほかの産業分野のようなスピードではできません。そこをわかってもらわないといけません。ですから長期的な支援が保障されないと成果が出ません。ただ、やればやるほど、ノウハウは積み重なるので、新しく取り組む人にもお勧めしやすくなると思います。有機農業は、その理念や地域づくりなどで役に立ってきた部分がたくさんあり、経営的な面だけではないと思いますが、今後は大きな経営のなかで、有機のみをやる人も増えてくると思いますし、作付けも何十㌶と有機米をつくる人が増えてくると思っています。

――残食が減ったということですが、子どもたちの反応はどうでしたか。

鮫田　農業体験や生き物調査などの授業にかかわっている子どもたちの残食が少なくなっているのは、想像の通りです。ただ、一三の小学校のひとつの学年でしか授業をしていません。有機米に全量を切り替える前、一部導入の時から、有機米の使用時期は一般米の使用時期よりも残食が少ない傾向がありました。単純に、お米が美味しいからかもしれません。いすみ市の場合、有機だから美味しいというよりは、いすみっこという銘柄米づくりに取り組んでおり、肥料や栽培まで統一しています。収穫後、サンプルで食味検査をすると、品質のブレは少ないです。また、けっこう高級な米なので、農協でもロスを出したくないので、低温倉庫に保管しています、したがって、年間を通じて鮮度が落ちません。しかも、週一回精米して、搗き立てを届けています。栽培から調理に至るまで、丁寧に扱われていることから、美味しい米となっているのだろうと思います。学校の先生も給食を食べますが、先生方はほかの市町村にも勤務したことがあり、いろいろなところで給食を食べてきました。そうした先生方がいすみ市に赴任して給食を食べると、ご飯が美味しいといってくれています。

――米の生産者の高齢化が進んでいますが、いすみ市ではどのような対策をとっていますか。一般的に農地の集約が進むと、一部の担い手農家に負担が集中しますが、その対策はどうでしょうか。

鮫田　有機稲作に当初から取り組んできた方には高齢の方が多いです。そこに可能性があるから頑張ってみようという地域思いの生産者が支えてくれました。そのなかには、良質米の生産に力をいれてきた人も結構います。いまの米価では、手間をかけて米をつくればつくるほど赤字です。そういった方々のフロンティアは、いまのところ価格が保障されている有機しかありません。ここ何年かの間に会員になった農家のなかには、けっこう若手が多くて、二〇㌶のうち、五㌶を有機米にして、ほかは全て飼料用米にするという経営者もいます。そのくらいの規模までは生きた見本となっている農家がいます。最近は、やめた人の田んぼを請け負わざるをえない状況なので、若手の人はもっと経営規模が大きくなっています。さらに、三〇㌶以上の経営規模の生きた見本をつくっていくことを目標にしています。あいつができるのなら俺にもできそうということを、経営判断の一つとして、有機米づくりに参入してもらおうと考えています。

――有機米生産には新規就農者も参加していますか。また、有機米の値段はＪＡが決めているのですか。

鮫田　有機米をつくっていて、新規就農で自立したひとは、今のところ一人しかいません。かつては農協にも出荷していましたが、より高い単価を求めて、自分で売先を開拓しています。加工までやっていて、より付加価値をつけるため、自然栽培をやっています。農協は、有機米であれば一定の単価で数量はいくらでも集荷します。一部の農家は、農協にほとんど有機米を出荷しますが、一部はより高く売るために、直接、川下の業者を開拓しているようです。価格は、われわれと農協で話し合って決めて、生産者合意のもと、当初から変えていません。全国的な相場に合わせています。有機ＪＡＳ米は、二万三千円で農協が集荷しますが、農協を通さず直接売れば、たとえば二万七千円とか、三万円にはなるでしょう。ただ、農家が手間をかけて売るかというと、そこは経営判断になるでしょう。まずは、農協で集荷してもらうというインフラがなければ、農家にとって売り先の心配があり、有機稲作に取り組む農家は思うように増えません。二万三千円というのは、世間的には少し安いのかもしれません。過去の調査では、いろいろな売先を平均すると、二万四千円くらいでした。集荷額を上げすぎて農協から先の売り先の選択肢が減ると農協としても有機米の集出荷を引き受けられないとなってしまうので、このくらいの価格にしました。単価を上げると、生産者には魅力ですが、売先は絞られていきます。もっとも、新潟の魚沼にもっていったら、この値段では誰もやりません。ほかの主食用の銘柄と比べられ、もっと高く設定せざるを得なくなるでしょう。

――これまで慣行栽培をしてきた農家は、今後有機に移っていくのでしょうか。

鮫田　地域の中での米づくりの選択肢として、有機米が現実として受け止められるようになってきたという印象です。毎年、やりたい人を募って、説明会を開きます。二〇〇人くらいに開催通知をだして、来る人が二〇人くらい、そのうち実際にやるという人は、年によってはゼロです。昨年から今年にかけては、六人が新規にやろうと意思表示しました。徐々に、米づくりの一つの選択肢として、飼料用米とともに有機米も入ってきたのだと思います。まずは、やりたいという人を確実に自立させなければいけないと思います。やる気のある人には、支援をしていくつもりです。新しく圃場整備を計画しているところもあるので、そういうところは団地化していきます。団地化してうまくいく有機農業のノウハウを積み重ねていかなければいけないと思います。たとえば、二五ヘクタールのまとまった有機米づくりも、今後はありうると思っています。

―― 子どもたち、先生たち、保護者の感想はどうでしょうか。食育への意識は変化しているでしょうか。

鮫田　意外と、有機の給食になっていることを知らない子どもが結構いました。一昨年、食育計画を作成するときに、小学五年生と中学二年生全員と同居家族全員にアンケートを実施しました。そうすると、親で三割、子どもで二割くらいが知りませんでした。われわれとともに、給食センターのＰＲ不足だと思います。まず知ってもらわないと話になりません。生産現場への支援で手いっぱいでしたので、啓発の部分がおろそかになったのかもしれません。有機農産物が使われていることが、いろいろな食育の場面で活かされるべきだと思っています。今後力をいれていかなければいけないと思っています。

（二〇二三・八・一〇）

有機給食のとらえ方

専修大学人間科学部 教授
靏 理恵子

有機農業の視点

本日のご報告では、有機給食といってもさまざまなとらえ方があるということをお伝えできたらと思います。とくに、地産地消や有機農業との関連に力点を置いてみます。

物事はどこから見るかという視点によって、見えるものが違ってきます。有機給食をとらえるには、どのような視点があるのか。どのような視点に立つかによって、見え方はさまざまに違ってきます。そこには、食育や教育、貧困、健康問題、地域農業の振興、現代社会を問い直していくときの材料として、などさまざまな視点があります。

今、有機給食にたいへん関心が高まっていますが、その関心を高めている人たち、それぞれが同じ一つの視点から見ているわけではなく、さまざまな視点があります。共通のものもあれば、異なる視点からみている人たちもいるわけです。そういったことを踏まえたうえで、有機給食を実現していくには、どういう施策が求められているかが重要になります。今日の報告では、有機給食をとらえる視点、そして、そこから見えるものを明らかにすることを通して、皆さんにとって、これまでとは違ったふうに世界が見えるようになると面白いのではないかと思っています。

日本有機農業学会のシンポジウムから

私は、日本有機農業学会の会員ですが、その学会では、二〇二一年六月二七日、オンラインで三時間にわたって「今なぜ有機学校給食なのか？　国内外の事例から考える」と題した公開シンポジウムを開催しました。近年、学校給食に有機米や有機野菜を使う、有機学校給食（オーガニック給食）に対する関心が高まっています。その背景には子どものアレルギーや発達障害、食材の安全性、保護者の経済的困窮、食品ロスなど、現在の学校給食が抱える多くの問題が指摘されていることがあります。また、有機学校給食によって、地域に有機農業を広める効果があることも報告されています。実際、有機学校給食は、ヨーロッパ、アメリカ、韓国、ブラジルなど世界各地で広がっています。

そこで、日本有機農業学会では、「有機学校給食の実現に向けた議論を盛り上げるために、公開シンポジウムを開催します。今回は、有機学校給食を導入することのメリットと導入の課題を中心に検討します。ヨーロッパとくにＥＵを中心に、世界の有機学校給食の状況、有機学校給食に取り組んでいる全国の自治体の動向、先進地の愛媛県今治市と千葉県いすみ市の報告を取り上げます。以上の報告を受けて、有機学校給食の可能性と課題を議論します」との趣旨で開催しました。公開シンポジウムとし、会員だけでなく、関心のある人に広く聴いていただくことにしました。

そもそもこの企画は、学会の研究活動委員会が立案したもので、委員で農業経済学が専門の関根佳恵さんの提案がもとになっています。同じく委員で農業経済学が専門、かつ有機農業者でもある山本奈美さんからも類似の案が出されました。それらをもとにして構成されたのが、このシンポジウムです。学会長で環境社会学者の谷口吉光さん（秋田県立大学）が座長を務めました。

報告は以下の四本でした。第一報告は、関根佳恵さん（愛知学院大学）、「有機給食と公共調達をめぐる世界の潮流―ＥＵを中心として」。第二報告は、吉野隆子さん（全国有機農業推進協議会理事）・真貝理香さん（総合地球環境学研究所）「全国の自治体の取り組み」。第三報告は、安井孝さん（ＮＰＯ法人愛媛県有機農業研究会理事長）「愛媛県今治市の取り組み」。第四報告は、鮫田晋さん（千葉県いすみ市農林課農政班主査）「千葉県いすみ市の取り組み」。これらの報告をもとに、総合討論を行いました。この内容については、公開シンポジウムとはいえ、学会の行事でしたので、かなり専門的な内容で、学会誌（『有機農業研究』２０２２　14巻1号）にも掲載されています。

このシンポジウムには、オンラインで二五〇人くらいの参加がありました。会員以外の多くの方の参加があり、関心の高さがうかがわれました。参加者の中に農山漁村文化協会の方々がおられ、後日、一般の読者向けの本の企画をご提案いただきました。企画内容を詰める会議では、以下のようなことを確認していきました。

「社会的要請」のもと、有機給食への関心が高まっていて、それに関連して導入の動きも始まっています。なかには、一九八〇年代から実践している事例もありますが、近年の急速な盛り上がりの中、いろいろな混乱もあります。そうした状況をふまえると、一般書として、スタートブック的なものが求められているのではないか、どうしたら有機給食を始めることができるのか、ということをわかりやすく、きちんと書いたものが必要ではないかということでした。そしてそれは、単なるノウハウ本にとどまらず、有機給食の意義や可能性についての説明もある程度学術的な裏付けを含めて必要なのではないか、ということです。こうして、有機給食をめぐる研究動向を捉える動きと社会的要請が合致するなかで、『有機給食スタートブック』（靍理恵子・谷口吉光共編）が生まれることになりました。

私は、研究というのは常に、社会的状況の影響を受けるものであること、研究テーマに流行り廃りもあること、そういうものがあるのは当然ですが、それを踏まえたうえで、私たちは研究においては、時代に迎合するのではなく、また時代に押しつぶされるのでもなく、先を見据えた研究が求められているだろうと考えています。かつ、研究の成果が社会にどう受け入れられていくのかということも、常に意識すべきことであって、リアリティのない研究というのは、そもそも意味をなさない、つまり研究者の間だけで分かっているようなことではだめなのではないか、ということです。」

このようなことが、問題意識の根底にあって、スタートブックは生まれました。

給食と有機給食をめぐる議論

この本の中では、私たちは、地域農業と有機農業、そして地産地消をつなぐのが有機給食だということを、基本的な視点としました。有機給食は地域を元気にして、農業と地域をつなぐ架け橋になるということを願っています。英語でわかりやすくいうと、Organic School Lunches Bridge Agriculture and Communities。有機学校給食のあり方には、さまざまなかたちがあるので、複数形になっています。そして、架け橋で農業とコミュニティ（地域）をつなぐということです。こうしたことが、有機給食の本来のあり方であるのではないかと考えました。農文協から出版するという意味、かつ、私たち、私は農村社会学者、谷口さんは環境社会学者であることを踏まえて、考えていきました。

有機給食の今とその可能性について、さまざまな議論が生まれています。研究の領域においても、いくつかの重要な研究がすでにあります。それも踏まえなければなりません。先行研究として、まず取り上げたのは、農業史、食の思想史を専門とする藤原辰史さんの研究でした。藤原さんは、学校給食がもっている多元的な効果に着目しています。それは、たとえば福祉政策の点では貧困児童を救うために生まれた学校給食ですが、近年ではとくに子どもの貧困との関連性が強くなってきていることを指摘しています。教育政策においては、配膳から片付けまで子ども自身が行うことで、食育という面も含めた、学校教育の一環として学校給食を位置づけています。また、給食センターは、災害時などの炊き出しや食事の提供の拠点となりうる非常に重要な場所だとしています。

阿部彩さんは社会政策が専門です。一九九〇年代以降、日本で広がるさまざまな格差に対して、人々の関心が低かったのですが、阿部さんは子どもの貧困に着目することで、人々の関心を、格差拡大の現実に向けさせました。子どもの貧困というのは、各家庭で努力していくという私的な問題にとどまるのではなく、社会問題なのだという認識を広げることに大きく寄与したと思います。

それから、行政学が専門の跡見女子学園大学教授の鳫咲子さんの研究は学校給食がもっている平等性に注目しています。経済的理由で生じる、子どもの食生活の格差はとても大きくて、学校給食にはその価格差を縮める機能があり、給食は子どもの食のセーフティネットだとしています。将来の心身の健康に直結する子ども時代の食生活は、社会保障として支えていくべきだとしています。つまり、皆で費用を負担することを考えるべきであるということです。これは、医療で国民皆保険の制度をつくり、多くの自治体で、小学校卒業までの医療費の無償化、自治体によっては高校卒業まで無料化するところもあります。医療の面では無償化が拡大している現実があるなかで、給食に関しては、まだまだ広がりが弱いといいます。しかし、医療と同様に、学校給食の無償化も進めるべきという主張です。

私も二〇〇〇年代初頭から、地産地消、食育の観点からの社会学的研究を行ってきました。二〇〇四年に、地産地消を進める社会的諸要因についての研究を行いました。これは、学校給食への食材提供の事例を通して、地産地消を推進する社会システムに関する環境社会学的な研究でした。例外的で特殊な地域だけが地産地消を実現できるというのではなく、多くの地域において地産地消による学校給食への食材提供が可能になる、という社会システムを考えるということで、フィールドワークを通して研究を行いました。調査で訪れたのが、岡山県、島根県、鳥取県、愛媛県今治市でした。

そうしたなかで明らかになったのが、学校給食への地元食材提供を規定する諸要因は五つあるのではないかということです。一つは、自校方式がよくてセンター方式は劣るというふうに思われていましたが、調べていくと、自校方式かセンター方式かということよりも、一日につくる給食の絶対数が非常に大きな要因の一つであるということです。二つ目は、学校栄養士がどのような学校給食観をもっているかということです。三つ目が、行政や教育委員会の姿勢です。四つ目が、現場の調理員さんたちの学校給食観です。そして五つ目が、生産者の理解や協力がどの程度得られるかということです。

この五つの要因が非常に大きいのですが、これらは、独立しているのではなく、相互に影響を与え合っています。さらにみていくと、学校給食実施の仕組みを構成している要件はほとんど同じことがわかりました。一日に数十食から何千食のような大規模な給食センターも含めて、仕組みを構成している要件はほとんど同じです。しかし、その地位に就く人の個人的属性にかなり反映されるところがあります。つまり、担当者による自由裁量部分が生じる余地がありますが、その部分が地産地消に向かう動きにつながるときに、学校給食への地元食材の提供システムができあがっていくことがわかってきました。さらに、システムの改変や再構築においては、必ずキーパーソンが存在しています。それは、学校栄養士である場合もあれば、行政職員であったり、生産者であったり、その事例によってさまざまです。しかし、多くの場合、そのキーパーソンによって始まった小さな取り組みが大きな波紋を周囲に投げかけて、周囲の人々や諸機関を巻き込むかたちで、学校給食への地元食材の提供の仕組みが生まれて、実現していっています。

食育基本法を考える

二〇〇四年に研究をしたときには地産地消が言われ始めていましたが、まだまだ広がってはいませんでした。それから数年後、二〇一〇年頃には食育基本法が制定されます。それによって、食育が政策的に推進されていきます。そのなかで学校給食においては、郷土食を通して地域アイデンテイティを醸成しようとする意図もみられるようになってきました。

そして、二〇一〇年当時、地域や学校現場で起きていることを整理し、望ましい食育についての問題提起を行ったのが、二〇一〇年の論考です。そこで述べたのは、学校給食の役割が変わってきていて、それはその時々の社会的諸条件によって変化してきているからです。私は藤原辰史さんが指摘しているように、戦前から学校給食の歴史があるということを当時は知らなかったので、戦後間もない食糧難の時代からの学校給食のことを書いています。戦後間もない食糧難の時代、児童の栄養確保が第一義的な目的として学校給食が始まります。それが後に、学校教育法によって法的根拠を得て、教育の一環として学校給食が制度化されます。そのうち、戦後復興を遂げ、経済成長も成し遂げ、国民の生活水準が全般的に向上していきますが、それによって、児童の栄養確保という目的は時代遅れではないか、学校給食の役割はもう終えたのではないかということも言われていきます。かつ、食生活が豊かになっていくなかで、学校給食のなかには、冷凍食品の多用や冷たいものが提供されているというような、いろいろな問題がでてきました。そうして、一九八〇年代以降、学校給食を合理化する動きが自治体で進んでいきます。それによって、調理が自校方式から大規模なセンター化へと大きく変わっていきます。そうしたなかで、子どもたちと向き合うような温かい学校給食が失われていきます。うちの子はエサを食べさせられているという親からの批判もでてきて、改善を求める運動が各地で立ち上がりました。その先駆けとなったのが、愛媛県今治市の事例です。

調理の大規模化のなかで、栄養確保と教育の両面で発生したさまざまな問題への批判が多く出てきます。食育基本法が制定され、学校給食に熱いまなざしが再び注がれていきます。ここで押さえておきたいのが、食育基本法とは何を狙ったのかということです。食育基本法の前文には次のように書かれています。『国民の「食」に関する考え方を育て「健全な食生活を実現」すること、都市と農山漁村の共生・対流や消費者と生産者との間の信頼関係の構築によって「地域社会の活性化」、「豊かな食文化の継承および発展」、「環境と調和のとれた食料の生産および消費」、「食料自給率の向上」への寄与が期待されていること、自然の恩恵や「食」にかかわる人々の様々な活動への「感謝の念や理解」を深めること、信頼できる情報に基づく「適切な判断を行う能力」を身に付けること、家庭、学校、保育所、地域等を中心に「国民運動」として食育の推進に取り組むこと」など』が、定められています。こうしたなかで、郷土料理、伝統的な行事食や伝統的な日常食が再評価され、子どもの地域アイデンティティ形成の契機としての期待も高まっています。食文化の継承と普及によって、子どもたちは自分の生まれ育った地域に、食を媒介として愛着をもつようになる、という論理が組み立てられていきます。このようにしてそれぞれの地域への愛着や地域アイデンティティを醸成する格好の場として、子どもと学校給食に熱いまなざしが注がれていきます。それが、二〇〇五年食育基本法以降の動きでした。

政策的に郷土と食を結ぶ「うさん臭さ」

二〇一〇年の私の論考では、こうした流れのなかで、政策的に郷土と食をむすぶ「うさん臭さ」を指摘しました。これは私だけでなく、ほかの社会学者や食文化研究者のなかからも同様の指摘がありました。早い時点では、二〇〇八年に、本田由紀さん（教育社会学）が、教育基本法の改正や家庭教育の強調の流れともつながる、非常に危うい流れであり、それは国家の政策的意図が最も私的な領域である家庭に介入してくる問題性を指摘していました。それとよく似た臭いが、食育基本法の国民運動のなかに漂っています。もちろん、前文に書いてあること自体は正しいことです。しかし、それを国民運動として上から降ろすという危うさに私たちはもっと敏感になるべきではないかということを書きました。

そうしたうさん臭さはあるものの、現実に、学校や地域ではどういうことが起きていたかというと、もっと豊かな取り組みが展開されていきます。それはたとえば、地元学に触発された「食の文化祭」がいろいろなところで展開されていきます。

また、地域農業と地産地消、食育を結び付ける試みが、いろいろな小学校で実践されていきます。愛媛県今治市内のある小学校では、校区内にレンコンの産地があり、そこでレンコンの歴史を学び、栽培方法や生産者の努力など、レンコンにまつわるさまざま物語を授業のなかで知っていき、それを共有し、それらを踏まえて、レンコンを使った給食メニューを子どもたちが考えて、そのうち採用されたものが実際に給食で提供されていました。鳥取県琴浦町の赤碕漁協開発の「あご串天」が給食などに取り入れられています。そのあたりでは、トビウオのことを「あご」と呼びますが、そのすり身団子を串にさして揚げたものを、そう呼んでいます。これは、鳥取県の中西部の小中学校、保育園、老人ホームなどに給食の材料として納入されています。このことは、赤碕漁港や地元の経済に経済的な効果をあげていますが、それにとどまらず、子どもたちの学習にも役立っています。ほかにも鳥取県では、白ネギやラッキョウやナシといった、地元の特産物を使ったメニュー、あるいは伝統行事や郷土食などを取り入れたメニューを積極的に取り入れていました。私は今、単身赴任で神奈川県の川崎にいますが、家は鳥取にあり、鳥取で子育てをしていたので、ちょうど二〇〇〇年代初頭から二〇一〇年頃は、子どもたち二人が米子市内の小中学校で美味しい学校給食を食べていました。

こうした、食育基本法によって、国民運動として展開されていくことを政府は狙うわけですが、地方自治体や地域のレベルなどの現場で、そうした政策を追い風にするにしても、何のためにやるのかを見失わないことが重要なのではないかと考えました。さきほど私は、もっと豊かな取り組みが実際には展開されていると申しましたが、それは、何のためにやるのかを見失っていないところが、豊かな取り組みになっているということがいえます。食と農、地域が深くかかわりあっているということをきちんと踏まえて、食そのもの、その地域、その食材を作る人や調理する人たちも含めて、人と人、人と自然がどうつながっているのか、つながりを取り戻すのか、ということが本来目指すべきことです。このようなことを、二〇一〇年の論考では書いています。

当時の私の論考はほとんど影響力をもたなかったのですが、今回のスタートブックのなかには、有機給食の位置づけのほかに、各地の事例を一〇、またＱ＆Ａ形式で、どうしたら始めることができるかなどの具体的な質問とその答えを載せています。そこには、私がすでに指摘してきたことと重なっていることが非常に多いことに気づきました。そういう意味では、私の二つの論考での指摘は、普遍性をもつものといえます。ただ、それから一〇年以上経っていますので、社会的状況も変わって、とくに今新たに付加されているのは、子どもの貧困との関連における学校給食の役割であると思います。

有機給食の可能性

まず、有機給食の当事者はだれか。一般的に、当事者というのは、その問題を語る資格のある人をいいます。そういう意味では、有機給食の当事者はすべての人であるということができます。なぜなら、食はすべての人が当事者たりうる事象であり、課題であり、テーマであるからです。したがって、すでに有機給食に並々ならぬ関心を寄せている人もあれば、広く農業関係者あるいは現代日本で今や圧倒的多数派となっている、まったく食べ物を作り出すことに関与していない、非農家・

市民を含む、ほとんどすべての人々も有機給食の当事者足りうると考えます。こうあるべきという、理念の提示も必要ですが、それだけでなく、常に、それを具現化している現実もあります。そうした現実の提示もできます。子どもたちの食を豊かにするだけでなく、子どもの親や親ではない人々も含めた、私たちひとりひとりが、食と農、農業、農村と都市、現代社会のありようについて考えるきっかけにも、有機給食はなりえます。つまり、有機給食を題材に、食と農と社会というもののあり方を考え直していく、最高の、またとない機会を有機給食は提供してくれるのです。とくにここで強調したいのは、農業政策、地域政策という観点から有機給食を考えるということです。地域農業と有機農業、地産地消をつなぐのが有機給食であり、学校給食、とくに有機給食は、子どもを真ん中に、多様な人々をつないで、地域を豊かにするきっかけとなるものだと考えました。

どうつながるか、地域の多様な人々

地域に暮らす人々は多様です。同じ地域に暮らしているという意味では、物理的距離は近いが、社会的距離は意外に遠いものです。年齢や職業、性別、国籍、価値観など、さまざまな違いがあります。さらに人口規模の大きな都市では、隣近所の付き合いは極めて弱いといってもいいかもしれません。農山村や人口規模の小さな都市においても、まだ付き合いは残っていることが多いところもありますが、いずれにしても、有機給食に期待が高まっています。どのようにしたら、さまざまな違いを乗り越えて、つながっていけるのかということを考えるとき、まずは、有機給食をどうとらえるのかという、定義を明らかにしました。

給食とは、広辞苑では「学校・工場などで児童・工員などに食事を与えること。またはその食事」としています。それを踏まえて、有機給食を、「保育園、幼稚園、学校、福祉施設、病院、役所、刑務所などで提供される食事の食材が有機農産物であるもの」としました。そして、有機給食のなかに有機学校給食が含まれ、有機学校給食は学校給食の食材に地元の有機農産物を使った給食ととらえました。スタートブックでは、学校だけでなく、保育園・幼稚園も含めました。

また、「地元」とは、その自治体、そして近隣の自治体をさします。国産でも、遠隔地のもの、あるいは海外のものは含めないと考えました。その理由は、有機農産物は地産地消の考え方や地域農業の存続・発展と密接不可分であると考えたためです。したがって、完全に有機無農薬栽培で生産されたものだけでなく、できるだけ有機無農薬に近づけて栽培されたものも事例としては取り上げるようにしました。なぜなら、それは、ゼロか一〇〇かということではなくて、有機学校給食を目指した取り組みも重視したいと考えたからです。

「有機給食はハードルが高すぎる」という声があるかもしれません。そうした声に対しては、有機給食の導入は学校給食全体を底上げしていくきっかけになるということです。現実としては、自治体によって、学校給食の実施状況にはさまざまなばらつきがあります。小学校においては、ほぼ一〇〇％実施されていますが、中学校となると、大きなばらつきが生じています。さまざまな工夫をしているかしていないかにも、自治体によってばらつきがあります。給食の無償化をすでに実施したり、地産地消の食材導入など、いろいろな工夫をしている非常に積極的な自治体もあれば、中学校の給食実施にやっと取り組もうというところから、食材の工夫にはとても手が回らないという自治体もあります。こうしたなかで、学校給食全体を底上げしていくという考え方であれば、有機給食についてみんなで考えていけるのではないかと考えました。

もちろん、給食無償化に対しては、強固な反対意見があることは承知しています。さらなる給食格差を生み出す、税金の無駄遣い、みんなが給食を食べているわけではないので公平性を欠く、などです。それぞれの立場からのいろいろな意見は、それぞれに論理（言い分）があります。それぞれの言い分をお互いに理解しあいながら、合意を形成していくことが重要だと考えます。

その意味で、東京都文京区の事例は非常に興味深いものです。同区では、何年も前から無償化を求める声が区議会に上がっていましたが、区長やそれを支える与党勢力が強く反対してきました。その大きな理由は、税金の使い道がほかにもっとあるということでした。しかし二〇二三年四月に区議会議員選挙と区長選挙が行われ、区長と与党勢力の意見に大きな変化が生じます。一転して、区長と与党勢力は給食無償化を言い始めました。与党が区議会に提出した案は承認されました。そうして、二〇二三年九月から、給食無償化を実施することになりました。無償化を求める声が大きな世論を形成したことが、区議会内の勢力図に変化を与え、求める議員と反対してきた議員の数が拮抗していたということが大きな変化を生んだと考えられます。こうした、政治的な状況の変化を起こしたのは区民の声だったということを、私たちは重視すべきだと思います。

また関根さんの研究が示す有機食材の公共調達という視点も重要です。

さらに、「みどりの食料システム戦略」でのオーガニックビレッジ事業を活用していくことの重要性も指摘しておきたいと思います。農水省のＨＰには次のようにあります。「みどりの食料システム戦略を踏まえて、有機農業に地域ぐるみで取り組む産地の創出に取り組む市町村の支援に取り組んでいる地域（オーガニックビレッジ）というのは、生産から消費まで一貫して、地域ぐるみで進めていく市町村」をいいます。それを増やしていくことを支援していくとして、二〇二五年までには一〇〇自治体の宣言を目指しています。二〇二二年一〇月現在、五四地区五五市町村が宣言をしていいます。宣言をしているところは、すでに長い歴史をもって、有機農業や地産地消を関係者とともに推進してきた自治体が多いのですが、首長が新たに取り組み開始を宣言したところもあります。この施策を追い風にしていくことは、とても重要です。

有機給食が必要な三つの理由

有機給食が必要である理由は三つあります。一つ目は、食の安全性への対応で、農薬の危険性が背景にあります。二つ目が、地域農業と地域社会の維持・存続です。三つ目は、子どもに限らず、食育、食べることや命とは何か、自然とのつながり、といったことを考えていくことが、すべての人の食育につながっていくということです。

この三つが、有機給食が必要な理由です。その実現に必要なことは、仕組みをつくることと、思いを集めることです。それを支えていくのが、多様な異なる考えをもつ人々のお互いの言い分を理解しあいながら、落としどころを探していくことです。そのときに、食い違いがあったとしても、『子どものために』を魔法の言葉として、みんなをつないでいけるのではないかと思います。

有機給食の広がりからみえる世界とは

有機給食と聞くと、夢のような話に聞こえるかもしれませんが、そんなことはなくて、実際に事例として紹介している地域では、誰も取り残さない共生・連帯に基づく世界が広がり始めています。

有機給食は、地域農業と有機農業、地産地消をつなぐ契機となります。そして、これまで農業と関わりのなかった市民でも、ベランダで土と関わるようになってきた人たちもでてきました。有機給食の広がりを契機に、市民皆農の動きをつくりだしていくことにもつながっていきます。そして、かかわる個人や組織、それぞれにおける視野の広がり、あるいは複眼的思考の獲得も期待できます。自分たちが今までみてきている社会は、ある意味では、安定した比較的狭い世界ですが、そこで有機給食に向けて取り組むとなると、さまざまな異なる人々が集まってきて、新しい仕組みを作り出していきます。そうしたなかで、自ずと視野が広がり、あるいはさまざまな見方が当然求められてきます。それによって視野が広がり、複眼的思考を獲得していく人々・組織が生まれます。さらに、学校給食にかかわる個人・組織の全体像と、それぞれの視点や思いをお互いに理解していくなかで、そこで取り結んでいく関係性の中身が大きく変わっていきます。

人と人とのつながりが弱体化していて、自己責任論が広がっているなか、有機給食の取り組みが、人と人とのつながりを作り出し、既存の集団や組織の連帯・連携や、新たな集団・組織の設立をもたらしています。学校・保育・幼稚園などが、そこに通っている子どもたちを真ん中にして、新たな社会を構想し、作り出していく社会的行為が有機給食を実現していく取り組みといえます。子どもの貧困に着目することから、学校給食の充実は、社会問題であり、それに必要な経費を公費で賄うことは大事だという、社会的合意の形成に向かっていくと思われます。共の領域がやせ細って、公と私に社会が二極化している現代社会においては、とても大事な取り組みです。

公が頼りにならない場合、自助努力に集中しがちですが、それでいいのかという、現状への懸念が一方にあります。人類学者の松村圭一郎さんは、暮らしのアナキズムが大事だといっています。無力で無能な国家のもとで、どのようにして、自分たちの手で生活を立て直し、下から公共を作り直していくのかが、私たちひとりひとりが豊かに暮らしていくためにとても大事なことで、実際にそれは、さまざまなところで行われています。それをヒントに、私が考えたのは、学校給食で有機食材を取り入れていく取り組み自体が、暮らしのアナキズムという発想に近いのではないかということです。つまり、頼りにならない国家のもとで、足元から自分たちの手で暮らしを立て直していくことです。学校給食が貧困の解消や食の豊かさが凝縮されたものである以上、それにかかわり新たな公共を作り出していくのはとても大事で、必要なことです。

　そこでは、私たちは、常識を疑ってものを考えること、会話してお互いの考えを出し合って、譲歩したりまとめたりして協力していくことが求められます。それは、学校給食の有機食材提供という目標達成だけでなく、民主主義の社会の担い手を生み、育てていくことにもつながっていくのではないかと思います。できるところから始めていき、できなければつくるといった思いで始められた取り組みがすでにあるということに、明るい希望を見出すことができます。それは、私でもできるのではないかというふうに、背中を押してくれるのかもしれません。

（つる　りえこ）

〈質疑〉

――ある市議会では、オーガニック給食の提案が、子どもたちが飢えるのではということから、圧倒的多数で否決されました。そうした反対意見はどう説得したらいいのでしょうか。

靍　有機食材は数量も限られているので、子どもたちに食事がいきわたらないのではないかという危惧によるのではないかと思います。量が足りない場合には、慣行栽培の食材も使っていくということで始めている事例もあります。したがって、やろうと思えば始められます。そこでは、おそらく議論が盛り上がってはいないのだろうと思います。政治的な根回しは決して悪いことではなくて、重要なことです。きちんと、賛同してくれる人を確保していくという運動も大事です。有機一〇〇かゼロかという話をするのではなくて、どうしたらできるかと考えていくなかで、仲間を増やしていくことが成功事例ではみられます。時間がかかるかもしれませんが、仲間を増やしていくしかないと思います。

――都市部では地元の有機食材の調達は難しいと思いますが、その場合はどうしたらいいのですか。

靍　たとえば川崎市では、中学校の給食実施率がとても低くて、現在の市長の公約が中学校の給食完全実施でした。そうしてやっと、実施できるようになっています。食材はなかなか地元のものだけというわけにはいきませんが、都市農業が生き残っている地域もあるので、できるものから取り入れています。厳密に自治体の中の農産物だけを使うというふうに考えないほうがいいと思います。

――学校給食をきっかけに地域に変革をもたらすことができるようですが、典型的な活動事例はありますか。

靍　二〇一五年頃から通っているフィールドのひとつに、福島県二本松市の旧東和町地域があります。合併前の旧東和町のときから、有機農業農家が多くいて、中山間地域でもあり、農業の生き残りをかけて、有機農業による地域づくりをやってきていました。合併にあたって、ＮＰＯ法人を立ち上げ、行政のかわりに地域づくりを担うようにしました。そこでも、学校給食に食材を提供していくことを進めてきました。そのように、それまでの長い歴史を財産として、そのうえで地域づくりを展開していく事例もあります。一方、長野県松川町は、まったくゼロからのスタートで、有機食材を学校給食に提供しています。地域のまったく農業に触れたことのない若い母親たちを中心にしていろいろな動きがここ数年の間にできています。したがって、地域の変革にはたいへんなエネルギーを要しますが、キーパーソンが必ず何人かいて、その人たちのもとで、楽しくやっているようにもみえます。そうして人々が集まってくるということが、各地で展開されています。

――有機農業について考える場合、日本の農薬使用の基準についてはどうお考えですか。

霜鳥 私たちの本のコラムで触れていますが、日本の基準はＥＵに比べて非常に緩やかです。ミツバチを例にあげていました。一般的に、日本ではそうした報道が弱いのではないかといわれています。遺伝子組み換え作物（ＧＭ）についても同様です。政治も含めて、私たち自身も問われているのだとも思います。

―― 給食食材で使う場合、ＪＡＳ認証はどうされていますか。

霜鳥 必ずしも、ＪＡＳ認証イコール有機農産物だと理解して受け入れなくてもいいという関係性を地元の生産者とつくっているところもあります。考え方次第だと思います。

――「地産地消」という言葉は最近はあまり使われなくなりましたが、大事なことは、ローカルで自給する、顔の見える関係であり、その拠点が学校であり給食であると思います。

霜鳥 「地産地消」については、言葉自体が広く知られたためインパクトをもたなくなったのだと思います。岡山県の私立大学に勤務していたときに、岡山をフィールドに学校給食に関して調査をしていましたが、岡山県は非常に地産地消に力を入れていました。地元でとれたものを、地元の人たちが理解して食べていく。食べ物を値段だけで判断しないということも含めて、消費者教育も地産地消は力としてもっていると思います。

―― 中学校では、スクールランチ方式で、業者による給食の外注化が進んでいるようです。規模の大きいところで、有機給食導入のヒントが何かありますか。

靏　有機食材のみで賄わなくていいという考え方で始めている事例は少なくありません。給食はまず安全でなくてはなりません。安全が最優先されて、忘れられていくのが、美味しさや食のもっている豊かな部分です。それが忘れられると、最終的に、「エサ」のようになっていきます。安全だが美味しくない、心が通わないようなものになってしまいます。自由裁量部分をいかに増やしていくかが、仕組みを新たに作り替えていくときのポイントになります。

規模にあまりとらわれないことです。規模が大きいと無理だろうと多くの人が考えますが、食い込む余地がいろいろあります。それは、システムにかかわっているさまざまな関係者、とくに校長の理解が大きい役割を果たすことがあります。もちろん、逆に校長の無理解のために進まないということもあります。生産者とつながる栄養士によって動き出す場合もあります。ルーティン化されたままだと、規模が小さくてもできません。

――「みどり戦略」との関係で、有機学校給食について国への働きかけを行っていますか。

靏　みどり戦略に関しては、日本有機農業学会で、有機農業推進のための具体的な方策についての提言を出しています。有機給食については、まだそういった機会はありません。ただ、すでに、オーガニックビレッジ宣言のなかの関連事業では、学校給食を推進していくことが盛り込まれています。それをいかに活用していくかです。けっこう使えるものになっていると思います。

参考文献

阿部彩 二〇〇八『子どもの貧困』岩波新書

鳫咲子 二〇一五『給食費未納 ――子どもの貧困と食生活格差』光文社新書

〃 二〇一三『子どもの貧困と教育機会の不平等 就学援助・学校給食・母子家庭をめぐって』明石書店

靏理恵子二〇〇四「地産地消を推進する社会システムの環境社会学的研究 ―学校給食への食材提供の事例」57‐65、（財）八雲環境科学振興財団『研究レポート集』第5号

靏理恵子二〇一〇「学校給食の役割の変遷」（財）味の素 食の文化センター『vesta 特集 郷土食の読み方』78号、26‐29、二〇一〇年春号、責任編集 古家晴美

靏理恵子・谷口吉光編著二〇二三『有機給食スタートブック』農文協

日本有機農業学会編『有機農業研究』二〇二二 14巻1号 4‐34（特集 公開シンポジウム「今なぜ、有機学校給食なのか？ ――国内外の事例から考える」

谷口吉光「今なぜ、有機学校給食なのか：特集の概要」、関根佳恵「世界における有機食材の公共調達政策の展開：ブラジル、アメリカ、韓国、フランスを事例として」、吉野隆子「学校給食有機化に関するアンケート中間報告」、安井孝「愛媛県今治市における有機学校給食の取り組み」、鮫田晋「いすみ市における有機米の学校給食使用と有機米産地化の取組みに対する自己分析」）

藤原辰史二〇一八『給食の歴史』岩波新書

本田由紀二〇〇八『家庭教育の隘路 ――子育てに脅迫される母親たち――』勁草書房

（二〇二三・八・一二）

子どもたちが主体となる有機給食の課題と可能性
——カリフォルニア州公立小学校の事例より——

京都大学大学院農学研究科 研究員（非常勤）
山本 奈美

研究者であり、農的暮らしの実践者

私は現在、研究員や非常勤講師として大学で研究や教育に携わっています。これまでの経歴を簡単に自己紹介します。国際交流ＮＧＯでコーディネーターとして貧困問題や南北問題を理解するスタディツアーを企画し、オランダのＮＧＯでグローバルな水問題に取り組みました。グローバルな問題は課題がからみあい、解決策が見えにくい。オランダの大学院でグローバルな食・農・環境問題を学んだのですが、学べば学ぶほど無力感を覚えるほどでした。日本社会に暮らしていると、知らず知らずのうちに南北格差に加担している自分に、何ができるのだろうか、そんなことを考えるようになりました。その結果、自分の食べものを自分で耕すしかないと思うに至り、京都の山村に

移住しました。雪深い、水と空気がきれいな桂川源流域の地域です。そこで小さな農業で生計をたてながら、農的暮らしを営んでいました。都市部で生まれ育った私にとって、土壌は未知の世界でした。土の香りに包まれて農作業をしていると、呼吸から、皮膚から、土の延長線上に自分が存在すると感じられました。土壌に暮らす生きものたちとのつながりも感じられました。土の上での仕事はとても心地よく、私はこんな心地よいことを知らずに子ども時代を過ごしたのかと愕然としました。二人の子どもたちにはこの心地よさを知ってほしいと、田んぼや畑でたくさん時間を過ごしました。田んぼで泥んこになって泳ぎ、美しいアゲハチョウの幼虫をつかまえ、掘ったばかりのニンジンの香りを楽しみ、樹で熟したジューシーなトマトやキュウリを丸かじりしました。こんな生活のなかで、人間だけでなく、自然や生物とのつながりを感じながら食べていくことが豊かな暮らしなのではないかと思うようになりました。

現代は、誰かから安全・安心な関係性を奪うような暮らしが一般的になってしまいました。しかし実は、奪う方も豊かな暮らしを失っています。誰かから幸せを奪わないような暮らしは、自分の豊かな暮らしを守ることでもあるーそんなことを考えてきました。

では、どうしたらそんな暮らしが実現するのだろうか。今、ご縁あって研究者として活動していますが、これが私の研究関心の根っことといえます。

研究テーマは、持続可能な食と農です。アグロエコロジー、フードジャスティス（食の主権）を中心において活動しています。学生時代にメキシコに留学をしたこともあり、ラテンアメリカで活発化している持続可能な食と農の実現に向けた社会運動に興味をもっています。その延長で、二〇二一年から一年ほど、米国カリフォルニアで研究活動を行いました。カリフォルニアは米国最大の農業州で、農場で労働者として働くラテン系の住民が非常に多い地域です。とくに移住労働者とその世帯に育つ子どもたちの食の問題等について研究活動を行いました。その一環で、有機給食についても調査をしてきました。本日の報告は、そのときの現地調査にもとづいています。

カリフォルニアの小学校の取り組み

本日紹介したいのは、ダヴェンポートという、米国カリフォルニア州の小さな町での有機給食の事例です。この町の人口は三〇〇人ちょっと、太平洋に面したとても美しい町で、ビーチで知られる観光地でもあります。すぐ南には、サーフィンやローカルフードで有名なサンタクルーズ市があります。同地にあるカリフォルニア大学サンタクルーズ校は、有機農業やアグロエコロジーなど持続可能なフードシステムに関する研究を先駆的に行ってきたことで知られています。北にはサンフランシスコ、東にはＩＴ企業が密集するシリコンバレーがあります。ベイエリアと呼ばれるこのあたりの地域は、金融やＩＴ産業などで働く富裕層が多く暮らす地域でもあります。

ダヴェンポートにある唯一の小学校が、パシフィック小学校です。学校区には複数の小学校があることが多いのですが、ダヴェンポート地区の学校区が管轄する小学校はこの小学校だけです。カリフォルニア州の学校制度では、学校と地域とのつながりが強いのが特徴です。日本でも、学校・地域・保護者のつながりが強かった時代がありましたし、現在でもまだ地域コミュニティが残っている地域では学校の教育活動に地域がコミットしている事例も存在しています。しかし、そういった地域と学校のつながりが近年薄れてきているのも確かです。日本とカリフォルニア州、双方の小中学校の児童生徒の保護者として、双方のＰＴＡの集まりやイベントに参加した経験から、米国ならではの支え合う地域と学校という教育のあり方はとても興味深く感じました。米国は地域差が大きいので、「米国」というよりは、サンタクルーズという地域限定の話かもしれませんが、学校は地域に支えられているという意識が非常に強いのです。先生たちは、よく「私たちのコミュニティ」といいますが、ここには教職員や保護者だけでなく、地域住民も含めていることが多いです。また、学校運営に関する地域住民の関心もとても高い。これは、制度に後押しされていると感じます。制度が住民の関心が高まるように設計されているのです。というのも、固定資産税が学校運営の重要な財源になっていて、地域の不動産価格が高ければ、固定資産税も高くなり、その地域の学校は財源が豊かになります。カリフォルニア州政府からは、児童数（在籍児童数ではなく在籍児童の出席日数）に応じて一定の予算がおりてきますが、それは国語・数学・社会・理科といった主要教科にしか使えません。その他のアート（美術）や音楽、図書館や給食を含めた食育活動などのプログラム運営には使えません。したがって、主要教科以外の科目は近隣地域の不動産価格次第であり、地域格差がでてきます。これはこれで大きな問題ではあるのですが、ここでは深入りしないでおきます。今回注目したいのは、多くの地域住民が、自分たちの税金が学校運営を担っていると意識していて、自分たちの税金がどのように使われているのかに非常に興味をもっている、という点です。地域住民が、自分が暮らす地域の学校教育運営に積極的に関われる制度も存在します。公選の教育委員（スクール・ボード）です。教育委員は、学校の管理職である学校長も含めた教職員の選出、予算の使い道、学校の運営方針に積極的に関わります。同地域の制度では、一八歳以上であれば教育委員に立候補でき、基本的に公選されます。地方自治の原則で、地域の学校のことは地域で決めるという原則のもとに運営されています。

　パシフィック小学校のスローガンは、「小さな学校　大きなコミュニティ」です。先ほどの話に追加すれば、コミュニティというのは、学校を中心とした地域住民のコミュニティであり、自分の子どもが学校に通っていようがいまいが、あるいは自分に子どもがいなかったとしても、地域の子どもたちが通う学校を中心に据えた一つのコミュニティであるという概念です。このスローガンは、児童の人数は少ないけれども、つながりが強い大きなコミュニティに支えられているということを示しています。

　パシフィック小学校の全校児童数は一二〇人で、小規模校です。学校には、日本の年長児に相当するキンダーから六年生の七学年が通います。TKと呼ばれる年中児も小学校に通うことができます。年中児をいれても一四〇人の規模です。サンタクルーズ市は小さい市とはいえ、五〇〇人以上の小学校が多く、一番小さくとも三五〇人でした。近隣地域であるサンタクルーズ市の小学校では、年長児から五年生までが小学校で、六年生からは中学校になります。パシフィック小学校は、近隣小学校よりも一学年多いにも関わらず、児童数が少ないのです。このことからも、かなり小規模校であることが分かると思います。

手作りの給食が特徴の食育プログラム

パシフィック小学校は、持続可能な農業やローカルフードに関心がある人なら誰でも知っているほど、サンタクルーズ近隣地域で有名です。その理由は、フードラボと呼ばれている食育プログラムの存在です。フードラボの最大の特徴は、一から手作りの給食です。パンやピザは生地を捏ねるところからで、野菜は丸ごと仕入れて洗ってカットして使います。この「一から手づくり給食」が称賛される背景には、「一から手づくり」が希少になっているという現実があります。「時間に余裕のある人の贅沢品」と言ってもいいぐらいかもしれません。サラダ用のドレッシングも、オリーブオイルと塩、酢で作ります。極めてシンプルです。

食材はできるだけローカルで、オーガニックの農産物を調達します。「できるだけ」というのがポイントで、それが継続のためのコツのように思えました。できるだけ地域のオーガニック農家から仕入れることを優先し、手に入らなかったら近隣地域、郡レベルや北カリフォルニア地域、それでも無理なら州レベル、そして本当に手に入らなければ他州の農産物、と地域を広げて調達します。それでも無理な場合は、農務省からの調達になります。一般的に、学校の給食の食材は農務省がその調達システムをもっています。

ローカルでオーガニックという食材は手に入りにくいものと入りやすいものがあります。入りにくいものは、タマネギ、ジャガイモ、豚肉でした。なぜかというと。そういったものは大規模で有機生産されていて、地元の有機農家が小規模に生産していても、価格的に太刀打ちできないといいます。ですから、そういったものの有機農家は非常に少なく、それだけに調達しにくいようです。

食材は、地域の誰がつくってくれたものなのかを子どもたちにも共有します。小さいコミュニティなので、給食食材の提供農家には児童の親もいます。「今日の鶏肉はAちゃんのご両親の農場の鶏よ」といった具合です。

そうした親も小規模で有機農業をしている人が多いので、現代のフードシステムの問題点などには高い意識をもっている人が多いようです。そういう親は、越境してでも子どもを通わせているケースもあるようです。

フードラボの実際

この小学校のフードラボの最大の特徴は、給食の準備・調理・配膳の主体が児童たちだという点です。最高学年（六年生）三〜四人でひとチームを形成して、週の一日を担当します。チーム内で分担して、統括するマネージャー、製パン、下ごしらえ、調理といった具合に、ゆるやかではあるものの役割が分かれています。役割は一か月で交代します。五年生も配膳など、補助的な役割を任されます。なかには、四年生でも参加したいと希望する児童もいるそうです。個人の成長にあわせて、役割が高度化していくというかたちです。

また興味深いことに、メニューのアイデア出しから準備・配膳まで児童がかかわります。給食の重要な部分であるメニューのアイデアをだして、一か月のメニューを練ります。アイデアは児童が出しますが、実際のレシピは給食主任の先生が担当し、食材を特定して、業者や農家に発注します。

パシフィック小学校では、毎日の給食は三食提供されます。昼食だけではなく、朝食と放課後のおやつまであるのです。私の息子が通ったサンタクルーズの小学校でも朝食が提供されていました。学校で朝食が提供されるのは、朝早くから勤務する保護者にとって大助かりです。なお、最近カリフォルニア州では給食費の無料化が導入されたので、すべて無料です。児童なら、学校を休んでいても食べられます（連絡して取りに来る必要があります）。代金を支払えば、地域の人や保護者も食べることができます。

また、「給食を食べない」と選択することも可能です。日本のように、学校給食を全員が食べるのではなくて、給食を食べるかどうかは児童と保護者が選ぶのです。今日は食べないけど明日は食べるということも可能です。そのため、他地域でもそうですが、学校では毎朝授業開始直後に先生が、「今日給食食べる人」と児童に聞き、人数を数えて、給食室に人数を伝えるという光景が見られます。

というわけで、毎日の給食づくりの第一歩は、「今日給食を食べる人」の数を割り出すことから始まります。食べる児童、食べる先生や職員、休んでいて受け取りにくる子、地域で申し込んだ人、の総数です。食べる人数を割り出したあと、食材の必要量を計算します。レシピは大抵四人前を単位に分量が記載されているからです。分量は、分数や小数点も使われているので、計算は複雑です。さらに、米国で使用される重量や液体の単位は非常にややこしいです。パイント、パウンド、ガロンなどいろいろな単位があって、カップとオンス、テーブルスプーン、ティースプーンなどの計量単位も使われるので、換算表でいちいち計算しなければなりません。フードラボの活動は子どもたちにとって、算数を実践的に使う機会でもあるのです。

次の作業は、材料を食料庫から人数分の分量を取り出してくることです。レシピ通りに野菜をカットして、パンを準備します。ものすごい量の生野菜のサラダが添えられるので、大量の野菜のカットが必要ですが、その作業は調理員さんが行う場合もあります。ケールは、嫌いな子どもが多い野菜の代表格ですが、パシフィック小学校の子どもたちはケールのサラダも喜んで食べています。下ごしらえののち、業務用の器具で調理します。児童による扱いが難しいときには、先生がサポートをします。配膳に使う器は陶器製で、カトラリーはステンレス製で、コロナ禍においても使い捨てではありませんでした。米国で給食といえば、トレイをもって列になって配膳をしてもらうのが通常の風景ですが、パシフィック小学校では、子どもたちは着席し、上級生が配膳してくれるのを待ちます。給食は、テーブルマナーを学ぶ場でもあるのです。

では、私が訪問した日を事例に、一日の流れを追ってみたいと思います。その日は、ブリートというメキシコ風のアメリカ料理でした。全粒粉のトルティーヤに卵・蒸しジャガイモ・チーズを巻いたものです。シンプルですが、おなかが満たされる食べ物です。

朝九時くらいに、六年生の担当児童がキッチンに到着し、給食主任の先生とメニューとレシピを確認します。先ほど述べたように人数を割り出し、分量を計算し、朝食の調理を開始します。

朝食の第一弾が九時半には出来上がります。九時五五分には、一年生から六年生が中間休みに入るので、朝食を提供します。朝八時くらいに子どもたちが登校するので、昼食まではお腹がすいてきます。朝食というよりは、捕食に近いものです。なお、息子が通った小学校では、授業開始前に朝食が提供されていました。学校ごとに異なるようです。

ところで日本の小学校では、午前中に給食が提供されることはほぼないと思います。朝食を食べて登校する息子でも、給食の時にはお腹がすいてしょうがないようです。朝食を食べない子どもなら尚更だと思います。学校で朝食が提供されていると、学業の成果に好影響を与えるとも言われていますので、日本でも公的に朝食や午前の補食の導入を検討するといいと思います。

さて、朝食を配膳しているときも、キッチンでは、ランチをつくる作業にとりかかっています。その日のランチメニューは、フォッカッチャ、ミネストローネスープ、ケールのサラダ、オレンジというメニューでした。非常にシンプルですが、栄養豊富なランチです。この日は特別で、ミートレス・マンデー（肉類不使用の月曜日）なので、ベジタリアン・メニューでした。

フォッカッチャは、材料を業務用ニーダーに入れて生地をつくります。こね終わったら取り出し、キッチンで温かいところで発酵させます。発酵が終わったら、成形し、オリーブオイルとローズマリーをふりかけ、焼き上げます。業務用のオーブンを使いますが、それを扱うときの危機管理についても、きちんと子どもたちに教えていました。パンが焼きあがったら、またパンを焼く準備をします。非常に忙しい作業風景でした。

スープの出汁は、大きな鍋にタマネギの皮など野菜クズをグツグツ煮込んでとります。ビーガンや自然食の調理法の一つですが、野菜クズにたくさん栄養やうまみがあるのです。スープの具材であるタマネギを切るときは、転がって危ないので、半分に切るところまでは先生がやって、そのあと、児童がみじん切りにします。鍋に入れるときも注意すべきことを先生は伝えますが、実際に作業するのは児童です。

そうこうしているうちに、たくさんのケールサラダができました。ドレッシングは、赤タマネギを使って甘みをだした、子どもたちが大好きなドレッシングを作りました。

最初は六年生だけで一生懸命つくっていますが、手際の良さに感動します。一〇時半くらいに五年生がキッチンに到着します。パンが焼きあがったころなので、焼き立てのパンを切って、皿を人数分テーブルに並べて、盛り付けます。一一時半くらいには下級生が順番に食堂に入ってきます。席に着いた下級生に配膳するのは五年生です。私が訪問した時はコロナ禍でもあったので、下級生と上級生とで時間をわけて食べていました。

キッチンの壁に、こんなことが書いてありました。「生まれつき料理が上手な人はいない。人はやってみることで学ぶものだ」。自分は料理が下手だという人がいますが、やってみたら学べるものです。子どもたちがそれを見せてくれました。

子どもたちが調理を主体的に担うので、もちろん間違いや失敗もよくあるそうです。足りなかったり、焦げたりすることもあります。失敗を許容できる寛容な環境があってこそ成立するプログラムだといえます。また、子どもたちも失敗しても受け止めてもらえることを体感し、さらに大きな挑戦をすることができるようになります。

フードラボの学校での位置づけ。

フードラボは、「キッチン教室」と呼ばれていて、学校活動の中心を占めています。食を包括的かつ実践的に学ぶことを重視しています。机上の話だけでなくて、毎日の給食の授業を学びの場として活用するという、非常にユニークなプログラムです。これを可能にするカリキュラムが存在するのも、この学校ならではで、授業の一環として、カリキュラムに組み込まれています。六年生が三～四人のグループで、週に一日三時間、五年生は週一日一・五時間、キッチンで過ごします。残りの児童は授業を受けていますが、担任の先生は、毎日、数人の児童が三時間キッチンにいて教室には不在、ということを踏まえて授業を運営する必要があります。

このように、フードラボを継続するためには、学校全体の理解と協力が欠かせません。教職員も協力するのは、フードラボは重要な教育活動の一つに位置づけられているからです。

他の学校でも放課後の料理教室などはあります。また中学校では、アートや音楽と並列に、料理が選択制の科目に入っていることもあります。しかし、フードラボは、放課後や選択制のような定期的ではない授業ではできないような、教育的な利点があるといわれています。

自分で一から食事を手づくりする。自分や家族を超えて、地域の方々を含めて、学校でコミュニティ全体に食事を提供するのは、子どもたちが大きな自信を得ることにつながります。特に、料理をした児童は、みんなの前で、今日の料理はこの子が作りましたと紹介されて、盛大に褒められるのです。ある児童は、褒められることがとてもうれしいと語ってくれました。

キッチンは図書館の隣にあって、学校の中では中心的な位置にあります。ガラス張りで、中で児童が立ち回る様子がとてもよくわかります。下級生は手際よく調理をし、褒められて得意そうにする上級生児童の様子を見て過ごします。そして、上級生になったときは、自分が下級生からお手本にされ、称賛される立場なります。

フードラボは、ライフラボとも呼ばれる学校菜園とも連携しています。量的には少ないのですが、そこで育てた野菜は給食にも提供されます。自分があるいは仲間が育てた野菜が給食に並ぶのをみるとたいへん喜びます。一年生から四年生がこの菜園を担っていて、キッチンの前段階との位置付けです。給食は、フードラボ担当の五・六年生とライフラボ担当の一～四年生の共同作業なのです。給食残渣も捨てることなく、菜園でコンポストとして堆肥化しています。カリフォルニアは雨が少ないので、雨除けがない風通しのよいコンポストは新鮮でした。コンポストは三つに区切られていて、常に給食残渣を投入する場所、熟成する場所、利用する場所と三段階に分けて管理しています。

フードラボでの学びとは

フードラボでの主な学びは、もちろん食の知識、台所の技術を身に着けることがです。包丁を含めて、台所の道具を使いこなすことを目的としていて、たとえばタマネギのみじん切りといった技術を実践的に学ぶことができます。また、畑とつながっているということを理解することも重要な学びです。学校菜園と給食を通して、畑や土と自分の食べものやからだがつながっていることを理解するにいたります。また、食材を通して地域の小規模農家・有機農家とつながっているということも理解します。児童は、地域の生産者が育てた野菜を食べることの価値を育むことができます。もちろん、食の文化的・歴史的背景を学ぶ機会にもなります。

非常に興味深いのが、メニューに各国の郷土料理を取り入れ、とそれにまつわる文化を学ぶ機会ももたれていることです。たとえばメキシコではどういうお祭りを祝い、その時にはどういう料理を食べる、といった文化的背景の話をします。フードラボは、食を通した多文化理解の機会でもあるのです。

前述したように、フードラボは算数や理科で習う知識を実践で応用する機会も提供します。食事作法だけでなく、スプーンやナイフなどのカトラリーを使い捨てにしないということからも、食に対する感謝と敬意、地球環境とのつながりについても学びます。

このように、フードラボには食育以上の役割があります。五年生から六年生の二年間をフードラボで経験することによって、料理の技術から食と農の問題についての知識を高め、やり遂げる実践力や問題解決能力、チームで協力をしていく力、そして自信を身に着けて、小学校を巣立っていく、そういうプログラムを目指しているといいます。

もともとは、パシフィック小学校もサンタクルーズ市のほかの地域と同じような給食でした。当時は、給食センターで調理された給食を、一六キロの道のりをトラックで運んでいました。そのため、ピザやパスタといった加工食品が多く、健康的とはいえないような給食だったのです。ある時、学校運営にボランティアとしてかかわっていた保護者が、給食の品質や栄養に満足できないと立ち上がったことが、フードラボの始まりです。一九八三年、当時は、いまほどローカルフードへの機運も高くはなかったころのことです。その保護者は、子どもたちが料理できないはずはない、と、取り組みを始めました。最初は彼女がずっとフードラボを担ってきたのですが、その後、現在の給食主任の先生が引き継ぎ、フードラボは続いています。

カリフォルニアは米国のなかでもかなり先進的な給食プログラムを進めている州です。その代表的な例が、二〇二一年に導入された普遍的給食プログラムで、州内のすべての小学校・中学校・高校までの全児童に無償で給食を提供しています。注目したいのは、前述したように、昼食だけではなく、朝食も提供していることです。

年長児から高校三年生まで、すべての児童生徒をカバーする無償給食は全米初で、子どもたちにいい影響を与えているとメディアで取り上げられています。なお、現在はカリフォルニアに続き、無償給食はいくつかの州で導入されています。

普遍的給食プログラムが画期的なのは、児童生徒全員無償としたことです。それまでは、世帯の収入に応じて、無償や一部補助がされるという仕組みでした。この仕組みでは、給食費を払っていない子どもだと周囲にわかってしまうので、無償給食を受ける子どもは、劣等感を覚え、周囲からスティグマを課されてしまうと指摘されてきました。この課題解決は長年模索されてきたのですが、給食費を徴収するかぎりは難しいという議論に至りました。そこで、世帯収入に関係なく全児童に無償で給食を提供するプログラムが導入されたのです。

無償給食の意義は非常に大きいのですが、給食の栄養面での不充分さの低さが指摘されるのも事実です。サンタクルーズ市の給食センターで調理される給食は、加工品であることも多く、金曜日は必ずピザでした。アメリカンドッグが給食のときもありました。ただ、野菜とフルーツは種類が少ないもののビュッフェスタイルで提供されています。朝食もマフィンだけ、など、成長期の子どもにとっての栄養面から疑問に思えるようなメニューも多いのです。それに比べると、フードラボの給食のメニューは驚くべきものです。全粒穀物を使用し、毎日新鮮な野菜と果物が提供されます。しかも、可能な限り地元の有機野菜を使用します。ベジタリアンの子どもも毎日食べることができます。非常に画期的な内容だといえます。

地域にとってのラボの意義

ライフラボの存在は、地域にとっても大きいものとなっています。ダヴェンポートは小さい町で、地域住民の子どもだけでは小学校を維持するには足りません。実際、全校児童の三分の二が地域外から通ってきている子どもたちです。近隣から越境してくる子どもたちなのです。カリフォルニア大学サンタクルーズ校は有機農業研究でも有名で、周辺地域には進歩的な住民が多く、誰がどこでどういうふうに生産したかという背景を理解して、食べる人のからだにも地球にも優しい、そうした給食を子どもに食べてほしい、食べるだけでなく、自分で調理する、というカリキュラムに価値を置く人がたくさん住んでいる地域です。自宅近くに地域に小学校があっても、二〇キロを送迎しても子どもをパシフィック小学校に通わせたいと考える保護者が、越境通学させています。フードラボが始まったころは全校児童数が五〇人前後だったのですが、フードラボが魅力でパシフィック学校に通わせたいと保護者は増え続けていて、児童数が年々増えていったそうです。

地域の有機農業とのコラボも非常に重要な点で、フードラボに共感して、農産物を寄付する地域の農家がけっこう多いとのことです。たとえば、野菜農家がファーマーズマーケットで販売し、その日売れ残ったものを帰りに学校に寄って、寄付する、ということがあるそうです。地域内には、鶏を有機で育てている保護者や、リジェネラティブ（環境再生型）農業を営んでいる有名な畜産農家もいて、農家から鶏肉や牛肉を寄付してもらっています。農家がフードラボの重要性に共感しているからこそその寄付行為ですが、寄付によって税金が控除されるという経営面でのインセンティブもあります。

最後に、フードラボというプロジェクトの持続可能性を考えたいと思います。フードラボ存続にあたって重要なポイントのひとつが、地域住民の理解と熱意です。教育的利点はさることながら、地域に小学校が存続してほしいという住民の強い思いがあり、そのためにフードラボが重要な手段だと認識されていることが、存続させているといえます。前述したように、教育委員は地域住民から公選されますが、フードラボの存続に賛成している人が選ばれます。その教育委員も、校長を選出するとき、フードラボの存続に意欲的である人を選んだとのことなのです。地域住民が「我々コミュニティの学校」に強い関心をもち、住民の関心を反映させるシステムがあることが重要だといえます。

重要な給食主任の役割

さらに重要なのが、給食主任の先生の存在です。給食主任に求められるスキルと能力はたいへん幅広いものです。料理のスキルはもちろんのことですが、子どもたちがこの料理を食べたいといったときに、それをレシピにする能力が必要です。調理の際、子どもたちにちゃんと語りかけて、しなければいけない作業について納得させるだけのコミュニケーション力も重要です。子どもたちは多様で、それぞれの得意不得意があります。「ランチ時間までに仕上がっている必要がある」という時間的な制約のなか、子どもたちの能力や今日の調子、さまざまなことを見極めて、教育的利点も考慮しながら、うまく采配する必要があるのです。非常に幅広いスキルが必要で、柔軟性と寛容性も求められます。そうした役割を果たせる人はそう多くはないでしょう。

様々な利点があるフードラボですが、取り組みはそう簡単に実践可能ではありません。聞いたところによると、アメリカの中でもほかに例はなく、カナダで一例が試みられているのみだそうでした

他地域でなかなか広がらないのは、「毎日の給食を子どもが担えるはずがない」という大人の思い込みがあるからでは、とパシフィック小学校の給食主任の先生は語りました。また、たとえ思い込みがなかったとしても、このように難しい業務をプロフェッショナルとして担える人材を確保することも困難です。才能のある特別な先生にしかできないということになってしまうと、今後の広がりは期待できません。違う地域でも導入していくためには、フードラボを担うために必要な幅広いスキルを学べるような教育プログラムが必要だといえます。また、そういった人材に対する手厚い待遇も確保する必要があります。非常勤やアルバイトでは担いきれない、重要な職業だとの認識が進む必要もあります。もちろん、こういった認識が進むためには、フードラボのようなプログラムの教育面からの効果もきちんと研究される必要があります。

パシフィック小学校のフードラボのもう一つの重要な意義は、公立小学校での取り組みであるという点です。もちろん、私立学校に通う児童であれば、有機農業にふれ、食と農業の環境的側面か

らの重要性を学ぶ機会を得ることはできます。しかし、そうした学校に通わせることができる富裕層の家庭に育つ子どもだけです。公立学校であれば、フードラボでの学びは、恵まれた子どもだけが体験できる、いわばぜいたくな経験ではなく、すべての子どもたちが享受する教育プログラムになります。しかし、フードラボは社会格差のうえに成り立っているのも事実です。越境が選択できる環境に育っている子どもたちがいるからこそ、学校が存続しているともいえるからです。

今後、公立小学校でフードラボのような取り組みをどのように誕生させるのか。その存在を持続させるにはどうすればいいかを考えていく必要があります。

（やまもと　なみ）

〈質　疑〉

——紹介されたシステムと同様なものが、日本にはありますか。あるいは、日本に導入するには何が必要でしょうか。

山本　教育制度が大きく異なるので、日本にそのまま導入はできないと思います。日本では、現場の先生にあまり広い裁量が与えられていないのではないかと思います。多くの学校に学校菜園がありますが、なかなか活用ができていないのが現状ではないでしょうか。学校の先生が忙しすぎるので、学校菜園のような新しいプロジェクトを追加して負担が増すのは望ましくないですし、制度の構造上かなり難しいと思われます。ただ、日本の場合、家庭科、美術、音楽や体育といった、主要教科以外の授業も充実しています。そういう授業を少し組み替えるだけで、新しいプログラムを加えることが可能かもしれません。私が京都の田舎に住んでいたときは、小さな小学校でしたが、春になるとワラビを採りにいって、家庭科室でみんなであく抜きをして一晩放置し、翌日子どもたちが調理をしていました。そういうことが、総合学習のなかで行われていました。これは地元出身の先生だったからこそ可能で、都市部から移動してきた先生はワラビ採取の時期も場所も知らなかったので、実施することができませんでした。こういったプログラムの重要性が教育委員会や学校で理解され、先生が知識を得る機会さえあれば、比較的小規模であれば総合学習で取り入れられるのではないかと思います。実際に、取り入れている学校もあるでしょう。ただ、たとえば、子どもに包丁を使わせることに抵抗のある親もいるでしょうから、そうしたことに配慮することは重要です。メディアも含めて、そうした活動が重要だということを一般に広げていく必要もあります。いろいろなことが必要ですが、まずは、社会的に重要性が認知されることだと思います。

――学校給食の地産地消推進に、ＪＡが果たす役割についてはどうお考えでしょうか。

山本　ＪＡの取り組みもさまざまで、地域の未来を考えて、どういう農業を目指すかという議論が始まっていると思います。地域農業の推進にあたって、小学校などによる公共調達をどのように活用できるのかを考えると、やはり地産地消や学校給食で地域の子どもたちに食べてもらうことが一番の優先事項になってくるのではないかと思っています。

――農家にとっては容易ではない有機農業の実践は、学校給食とは別の問題ではないかと思いますが、いかがでしょうか。

山本　地産地消を維持するためは、地域の農業を持続可能にしていく必要があります。そういう観点からみると、有機農業と学校給食は相互に関連していると思っています。

――高温多湿な条件にある日本で、有機農業はどの程度広がるのでしょうか。

山本　それはよくいわれますが、生物多様性の観点からすると、生物間の相互作用を活用しやすいという側面もあります。日本は、中山間地域が多いので、農業の大規模化には制約があります。どの面に重点をおいて政策的に公的予算を投入するかということだと思います。

――日本でこうしたプログラムを導入すると、調理に時間がかかったりして、ほかの授業に影響があり、指導要領の時間数をこなせなくなると思います。アメリカには、指導要領のようなものはありますか。あっても、自由度の高いものなのでしょうか。

山本　アメリカにも、スタンダード・カリキュラムがあって、それを順守する必要があります。同じような制約をアメリカでも聞きました。そのなかで、どのようにして、フードラボを取り入れることができたのかは、非常に興味深いです。たとえば、教科担任たちが相談して、調理のなかで、体験として算数を教えるといった工夫をしています。今では、探求型の教育が重視されていますので、そうした方針に合致させて、カリキュラムにフードラボを組み込んできたときいています。公立小学校ですので、基準から外れたことをすることはできません。似たような取り組みでは、学校菜園の推進がありますが、学校菜園を中心としたカリキュラムを、基準のなかできちんとつくって、活動によっては、理科の単元に合致する、算数のある単元に合致している、といった具合にカリキュラムとして提示します。問題は、その独自のカリキュラムを学校や先生がつくることがかなり難しいことです。したがって、ＮＰＯあるいは教育研究者が、基準に合致するようなカリキュラムをつくって、それを普及させるというシステムがとられています。フードラボについても、もう少し広がっていけば、いろいろな関係者の協働によって、基準に準拠したカリキュラム化が可能になるでしょう。

――子どもたちがメニューを考えるということですが、栄養バランスなどは考えられていますか。

山本　その部分は、給食主任の先生の出番です。たとえば、このメニューは、普通は鶏肉とお米を使うのが通常のレシピだが、不足する栄養を加えるために野菜を追加するという具合に工夫しているようです。そのため、伝統に依拠したメニューというよりは、先生によってアレンジされたメニューになっています。とはいえ、日本よりは柔軟な運営が可能なシステムのようです。例えば日本では、食材の確保状況によって、メニューを急に変えることは困難だと聞きます。フードラボでは、食材が入手できないときは、メニューが変わることもあります。

――日本で注目される取り組みをしている学校はありますか。

山本　有機食材の給食での導入事例は、全国で広がっています。京都で有機給食の導入を目指して活動している例はありますが、やはり公立学校では難しくて、私立の保育所で、産消提携の運動をしてきたグループが有機食材を提供しています。全体から始めるのではなくて、今日はニンジンといったふうに、少しずつ導入していくかたちで取り組んでいるところが出てきています。

（二〇二三・九・七）

地場産有機給食の長い実践

――生産者と学校の視点から――

福島県喜多方市熱塩加納町ＪＡ会津よつば 理事・まごころ野菜の会 会長　**山口　潔**

喜多方市立加納小学校 校長　**黒子　学**

同　教頭　**吉田賢吾**

◎この報告は三名の方々にお話しいただいただいものをまとめたものです。主に全体の経緯や生産の部分は山口様、教育現場の部分は、黒子校長先生、吉田教頭先生にお話しいただきました。（編集担当）

熱塩加納の給食の歴史

最初に有機給食に取り組んだきっかけからお話しします。

昭和六三年に、ＰＴＡへのアンケートを取った際、地元産で安心で安全で美味しいお米で週五日の完全米食給食にしたいという人の割合が九八％に上りました。当時、福島県内の中通の福島市の学校では、週のうち三日が米飯で、それ以外の日はパンや麺でした。

アンケートをきっかけに、平成元年に熱塩加納産米（さゆり米）による米飯給食が開始されました。平成二年には、学校給食への供給に向けて、有機無農薬栽培の生産者の会（まごころ野菜の会）が発足しました。平成一八年からは共同調理場による給食が開始されますが、これによって、旧加納村の喜多方市との合併に伴い、それまで各校で調理していたものが一括して共同調理場で調理するようになりました。

現在、給食で有機無農薬野菜を利用しているのは、熱塩小学校と加納小学校、会北中学校です。児童・生徒・教職員、あわせて二〇〇食程度です。給食費は、小学校が三四六円、中学校三八八円となっていますが、外の学校と比較すると、一〇〇円近く高くなっています。喜多方市が給食の半額を補助しています。

給食には、地場産品を積極的に使用することにしています。まごころ野菜の会はもちろんのこと、地元の会津よつば農協や喜多方市産の新鮮野菜をできるだけ取り入れて献立を組むようにしています。まごころ野菜の会からは、平成二年から、家庭や家族にも食べさせてあげられる安全で美味しいものを子どもたちに食べさせてあげたいという考えのもと、供給が始まりました。できるだけ低農薬で育てた野菜が、市場より低価格で納品されています。

地元産で完全米飯給食を実現

週五日完全米飯給食が、ここの学校給食の一番の特徴です。昭和六三年当時も米飯給食は行われていましたが、いわゆる自主流通米を使用していて、どこのお米かわからないものが学校給食会から提供されていました。ここ加納は、完全な農村地帯です。保護者の方々の多くが米をつくっています。そこで、保護者の方々から、こんな美味しいお米が地元にあるのに、なぜ、自分たちの子どもが給食で食べられないんだ、という素朴な疑問があり、そこから地元の米を使った給食への取り組みが始まりました。当時、私は二〇歳代で、農家を始めるかどうかという頃でしたので、取り組みに直接かかわっていたわけではありませんが、当時の様子をあとで聞きましたが、素朴な疑問から始まった一つの運動が広がりをみせたのだと思います。

学校給食会や県にかけあって、当時のPTAの会長さんも含めて、関係者が何とか実現させました。しかし、地元の米を使うと費用は少し割高になってしまいます。その割高の部分を、当時の行政と農協とPTAの方々で補填しようということになりました。そうして、地元の米を使った学校給食が開始されました。当時はまだ、有機・完全無農薬の米は量的にも少なく、価格的にも高いので、特別栽培米を使って始めました。それは、現在でも続けています。

八十種類以上の野菜を供給

給食に野菜を供給するグループが、まごころ野菜の会で、その会長は私が務めています。まず、地元産の完全米飯給食を行うようになって、そのあと、まごころ野菜の会ができ、野菜を提供することになりました。お米が地元産なら、副食に使う野菜も地元産のほうがいいだろうということです。供給するにあたっては、会の農家は大変な面もあったと思います。ほとんどの農家が、自分たちが食べる野菜をつくっている自家菜園をもっていますので、そこで採れた野菜を供給するところから始まりました。当時、熱塩小学校と加納小学校では自校調理方式でしたので、それぞれの学校に朝搬入するというかたちができました。

その後、喜多方市と広域合併をしますが、それに伴って、共同調理場が完成して、そこで中学校も加えて、給食調理が始まりました。中学校のほうにも給食を提供する体制になったので、野菜の絶対量が足りなくなるということから、まごころ野菜の会に声がかかったという経緯があります。その五年後に、私が会長に就くことになり、現在に至っています。

自家菜園でつくる野菜なので、さまざまな種類の野菜が供給されています。八〇種類以上の野菜がそれぞれの生産者から搬入されています。これだけの種類の野菜が給食に取り入れられているのは、おそらくほかに例はないと思います。ダイコン、ハクサイ、ニンジン、ジャガイモだけではなく、リンゴだけを出すという人もいます。みんなで、何とか、学校給食で地元のいいものを子どもたちに食べさせようと、年々、参加する人が増えてきました。

現在、まごころ野菜の会の会員数は二四名です。私が当初会長になったときには、自分の孫が小学生になるという人が多かったようです。そうなると、だんだん高齢化してきます。私はもうできないと、会を抜ける人が年に何人かいらっしゃいました。会の体制をどうしていくかを考えると、新たな会員を募るしかないと考えました。目標として、年に一人でもいいから、新たな会員を募ろうと考え、現在の会員のうち半分くらいは、その後声をかけた人です。会としては、年に二回ほど集まりをもっていますが、改めて高齢化が課題という共通な認識はもっています。今後も、会員を募っていくことをしていくこととしています。

なお、喜多方市では、六年度より学校給食の米を熱塩加納同様特別栽培米に切り替えます。野菜は化学肥料・農薬を六割以上低減します。更に、「オーガニックビレッジ」宣言にともない「有機ＪＡＳ認証」取得の米を六年度には試験的に一ヵ月間導入し、今後は増やしていきます。

加納小学校の給食と食育

学校には必ず教育目標があります。加納小学校の教育目標場は、「よくきく子」「なかよくする子」「たくましい子」です。この教育目標を実現していくために、食育を計画しています。食育計画を立てる際の指針が文部科学省からでています。そこには、食事の重要性、心身の健康、食品を選択する能力、感謝の心、社会性、食文化があげられています。「ふくしまっ子食育指針」は福島県教育委員会から出ているもので、「食べるちから」「感謝の心」「郷土愛」をしっかりみんなに教えていくことを求めています。本校の教育目標と県の教育委員会目標、そして文科省の指針を取り込んで、食に関する指導の目標をたてています。

子どもたちにつけてもらいたい力として、知識・理解とともに、食事を楽しむことあげられます。とくに大事にしていきたいことが、思考力、判断力、表現力です。そのなかで、「自分の食生活とのかかわりをみつめ、健康な生活を実現するためには何が必要かを考え、正しい知識・情報に基づき、適切に意思決定して行動できる」さらに、「学びに向かうちから、人間性等の食や食文化、食料の生産等にかかわる人々に対して感謝するこころを育み、食事のマナーや食事を通じたコミュニケーションを図ろうとする態度を養う」という目標があります。この目標を達成するためには、安全安心な食とそれをつくっている人の顔が見える給食が非常に重要になってくると、学校では考えました。そこで、地域の方が栽培している農産物を給食に使っていくことで、それぞれの願いが合致して、本校の給食に反映されているのです。

食育の実際にあたっては重要な点は、まず、地場産物の活用ということです。地場産物を使用した給食についての校内放送や指導資料を使用した給食時の指導の充実、教科書や学習の体験活動と関連させて学習を進めていきます。さらに、家庭、地域との連携として、まごころ野菜の会など生産者団体との交流も行っています。

給食のときには、放送委員会の子どもたちが、感謝の気持ちをもって、生産者の方々を紹介しています。もちろん、「いただきます」「ごちそうさま」と、しっかりあいさつをします。まごころ野菜の会の皆さんの顔写真と名前が廊下に掲示してあるので、そこに向かって、あいさつをしています。また、中学校の栄養士の先生にお願いして、本校の児童に食育の話をしていただきます。感謝の気持ちをもって、食べるときはしっかり味わって食べます。まごころ野菜の会の皆さんを給食に招待して、一緒に食べることで、感謝の気持ちを表す行事も行っています。子どもたちも、どんな方がつくっているのかなと考えるので、学習になりますし、感謝の心、社会性、食文化、郷土愛についても学ぶことができます。地場産の有機給食の教育への効果は非常に大きいのではないかと感じています。

農業科の取り組みで考える力を

先ほどの話にあった、まごころ野菜の会の方たちの写真と名前が掲示されているところの裏が、「農業科ミュージアム」になっています。旧調理場だったところです。二年前、当時の校長先生が、物置然となっていた旧調理場、加納小学校のアイデンティティともいう場所をそのような状態にしておいていいのかと考え、子どもたちとともに、農業科ミュージアムとして再生させました。収穫されたカボチャが追熟のためにおいてあったり、壁には、子どもたちのこれまでの学びの様子などが掲示してあります。

農業科の学習は、総合的な学習の時間で行っています。学習指導要領によると、総合的学習には、総合的な探求の見方、考え方を働かせ、自己の生き方を考えていく資質・能力を育成することが目標としてあります。単に農業科を推進しているだけではなくて、そうした考え方にのっとりながら、子どもたちに自己の生き方を考える資質・能力を身に着けさせるために、年間のプログラムを組んでいます。

三年生、四年生の野菜づくりでは、ジャガイモやダイコン、ピーナッツ、キュウリ、トマトなどを栽培しています。栽培した野菜は、もちろん家庭に持ち帰って食べることもありますが、共同調理場に納品して、町内の三校で味わっていただくこともしています。さらに昨年は、近くの温泉保養施設でマーケットを開いて、ジャガイモを地域の方や観光客に販売しました。その収益金は、地域での顕彰活動に使いました。

五年生、六年生の取り組みでは「米ができる」を学習します。ちなみに、加納小学校の校章をみると、「加小」の文字の周りを稲穂が取り巻いています。ここからわかるように、小学校ができた当初から、農業、米づくりと加納小学校との関係には深いものがありました。児童は、田んぼに入って、人力で除草作業をします。肥料撒き、田植え、収穫、脱穀という、一連の活動を通して、米づくりについて学んでいきます。単に米づくりで終わってしまうのではありません。そのあとのて発表もします。藁で塔を組み立てて、それを焼くときに、お餅などを焼いて、無病息災と豊作を祈る、「才の神」という行事にも参加します。そうした文化的なことまで、農業科では学びます。

そうした取り組みに大事なのが、農業支援員の方々の協力です。米づくりについてだけではなくて、三年生、四年生の畑でも、ご指導いただいています。農業に関した技術的な面もそうですが、それに加えて、農業にかけるエネルギーも子どもたちに伝わるのではないか、そして自己の生き方を考えるという総合学習の目標にもかなうものと思います。農家の様子をみることを通して、自己の生き方を考えてもらいたいというのが、われわれの願いです。おそらく、農業支援員方々もそのような思いをもって、ご指導いただいていると考えています。支援員の方々の協力があって、加納小学校の農業科の学びがこれまで推進されてきました。

今年度の一学期に、ＪＡの農村中堅青年講習会が本校で開催されました。本物の農家に出会わせたいと考えて、ＪＡの若手の方たちと一緒に作業をする予定だったのですが、あいにく雨天でしたので、急遽、パネルディスカッションを体育館で開催しました。農家の方々の農業にかける思いや農業をやっていてうれしいこと、たいへんなこと、つらいことなど、本物に出会う体験を子どもたちにさせることができました。印象的だったのは、ディスカッションが終わったあと、数名の子どもたちが、農家の方に、大豆の作り方のポイントは何かと聞いていました。また、習字で「米」という漢字を書いて、その後、農業科の学習を進めていき、六年生を終えるころには、この字が違うように読めるようになるといいます。そうすると、「いのち」や「ほこり」と読んでくれるといいのですが、なかには「かね」と呼んだ子どももいました。

有機給食への思い

私はまごころ野菜の会の会長として、農業科の支援を通じて子どもたちと一緒に、田んぼで作業をやってきました。農村地域であるこの地域に生まれ育っている子どもたちが、この地域を誇りに思えることを一つでも得てくれればと考えています。この子どもたちが将来農家になってくれれば一番いいのですが、それはなかなか難しいでしょう。ただ、将来、結婚して子どもができて、またその子どもに地元の美味しい野菜を食べさせたいと考えてもらえればいいのではないかと思っています。活動は学校側との協力なしには何もできないわけですが、先生方もずっと同じ学校にいるわけではありません。農業科を担当する先生も毎年変わっていきます。そういったなかで、私たち農業者の思いを学校と共有していけるのかが、心配でした。春先になると、こんどの校長先生はどういう考えなのかというのが、まず一番気になることでした。考えてみると、やはりコミュニケーションが一番大事ではないかと思います。農業者の側から一方的にこういうことがやりたいというのではなくて、学校と常にコミュニケーションをとりながらやっていくことが必要ではないかと思います。学校栄養士も数年で異動します。そうしたなかで、それまでの給食を継続していけるだろうかということが心配ごとです。そこでも、コミュニケーションが必要になります。今のところ、まごころ野菜の会でコミュニケーションづくりができているのは、毎朝の野菜納品時に、あいさつとともに情報交換ができるからでしょう。

（やまぐち　きよし・くろこ　まなぶ・よしだ　けんご）

〈質　疑〉

――先生方は学校給食を毎日食べているわけですが、美味しいですか。

黒子　給食の一番の魅力は、味もそうですが、やはり、栄養のバランスと安心感ではないでしょうか。私は、加納小学校に来る前までは体重が一〇四キロほどあったのですが、給食のおかげで今では八六キロまで減量できました。もちろん、運動もしましたが。単身赴任ですので、朝食と夕食は不節制しがちですが、給食のおかげで、健康が保たれているのではないかと感じています。

――他校から赴任され、完全米飯給食に驚かれたということですが、他校ではどのような給食でしたか。

吉田　一番の違いは、他校では既製品、加工品がしばしばでていました。加納では、ほとんどが手づくりです。今日はハンバーグがでましたが、手づくりで、既製品ではだせないような付け合わせもついていました。そういうところは、他校とは違います。

山口　学校給食に提供する野菜、とくにセンター方式では規格に沿っていないといけないという話をよく聞きます。ここは、二〇〇食弱の規模ですので、規格はあってないようなものです。私は、トマトも提供していますが、大きなものも小さなものもかまいません。それをうまく調理してくれる調理員さんがいらっしゃるからです。調理員さんは五名いるのですが、二〇〇食規模では多い方ではないかと思います。それだけの調理員が確保できていることも、この給食を維持していくうえでは大きいのではないかと思います。完全に有機農産物を使うのは難しいのですが、農薬を使ったときは必ず自己申告をしています。ここの学校給食の一番の特徴は、地元産の米を使った完全米飯給食であり、そのうえで、食材となる野菜をできるだけ地元産の野菜を使うということです。地元産の野菜を使っている割合は、福島県のなかでは最も高く、喜多方市内全体では四〇%～五〇%ですが、熱塩加納では、七〇%近くの地元産の野菜を使った給食ができてきています。学校でも、そういった情報を子どもたちにしっかり提供し、その意義を理解してもらったうえで、給食を食べてもらっています。上から、すごい給食なんだからちゃんと食べてくださいということではなくて、これがごく普通の地域の学校給食だということを少しでも子どもたちに思ってもらえればと思っています。そういう気持ちをもちながら、野菜を提供しています。

―― 子どもたちの感謝が目に見えて、農家冥利につきるのではないですか。

山口 そうですね。野菜を搬入して、もちろんその対価はいただくのですが、学校側からはすごく安いので助かっていますという声も聞きます。昨年から、資材や燃料が高騰して、いろいろなものが値上げしています。それを農産物に転嫁できるかというと、なかなか難しい。会でも、値上げしようかという話もでましたが、結局そうしないで済みそうです。なぜなら、小さな地域ですので、子どもたちの感謝、気持ちがよくわかるからです。会員の方が野菜を出したその日の夕方に、子どもたちが下校の際にたまたま会うと、今日の野菜が美味しかったといわれることがありました。そんな言葉を聞いたら、頑張るしかないという気持ちになります。

大事なことはこの取り組みはお金ではないのです。私は多く供給しているほうですが、それでも年間一〇万円もいきません。みなさん、その程度だと思います。それでも、会のみんなはお金のことはあまり気にしてはいないと思います。ちなみに、八〇種類の野菜のなかで、トマトの単価はキロ二五〇円、ジャガイモやタマネギは一二〇円、ニンジンは二五〇円。私が会長になってからは、変動はありません。調理場のほうも、燃料費や人件費が上がっているなか、決められた単価のなかでつくらなければなりませんので、地元産の野菜が安く使えるので助かっているといわれます。われわれも、地元産の野菜を地元の子どもたちに食べてもらうのが、一番うれしいことだと考えています。

―― 週五日の給食のうち、有機食材の割合はどのくらいですか。

山口　「有機」ということではなくて、米は最初から特別栽培米です。野菜に関しては、もともと自家用の野菜をお裾分けすることから始まっているので、虫食いもありますし、有機栽培的なものを出していました。

―― もともとのまごころの会の会員農家の後継者も会に参加していますか。有機無農薬で栽培している農家は、地域にはどのくらいいるのでしょうか。

山口　会には、後継者は二人程度います。後継者そのものが減っています。会員のなかには、専業農家もいますが、半分ほどは、後継者は恒常的な勤務をしていて、親が農業をやっているというかたちです。栽培方法については、私が農業を始めた三〇年ほど前は、半分くらいが有機あるいは減農薬の米をつくっていました。栽培方法が難しく、高齢化が進むなかで、それも年々減っています。私自身は二〇年位前に、有機ＪＡＳを取得して、有機栽培の米も作っています。一〇㌶の水稲のうち、二・三㌶で有機栽培の米をつくっています。ただ、原発事故による風評被害によって、有機ＪＡＳを取得した若手の生産者でその後やめた人もいます。ただ、私を含めて、昔から米の有機栽培をやっている人は、ずっとやってきています。一方、単価の問題で、特別栽培米は経営的に厳しくなっているので、少なくなってきています。

――多くの種類の野菜を扱うには、受け入れる学校側との調整が必要になると思いますが、それは誰が担っているのですか。また、調理員の数がほかより多いのは、その点で優遇されているということでしょうか。

山口　農協が間に入って、注文されたものを農家に振り分けるという方法が普通だとは思いますが、ここでは、栄養士さんがその調整をしています。栄養士は、発注、清算もしければならないので、けっこうたいへんだと思います。支払については、行政の担当者が入っています。調理員の数については、これまで数十年にわたってきた体制を崩さないようにしている結果ということではないでしょうか。この給食は、地元産の米を使うところから始まった、いわば運動です。最初は自然発生的に始まり、浅くですが広く広がった運動です。ただ、いい運動ほど廃れやすいと思います。いかに継続していくためには、自然発生的なものから、目的意識をきちんと据えていかなければならないと思いました。私が会長になった際に、最初はたいへんだと思いましたが、運動論だと考えると、それをなんとか維持していくのが私の役割だと考えるようにしました。そういった意味で、学校や会員とのコミュニケーションが必要でした。喜多方市全体としても、こういった給食を取り入れようという機運もでてきました。少なくとも、ここでの地場産の米と野菜を使った完全米飯体制と調理場の体制は絶対維持していかなければならないと思っています。それをやるのが、私の仕事だと考えています。

――地域には、もともと有機農業の素地があったのですか。

山口　あったと思います。私は若いころは東京に出て、学生生活を送っていて、いったん帰ってきて、何もしていなかったのですが、そのとき、この地域が有機栽培で行こうという雰囲気になっていました。有機農業をやっていた方々は、私より上の年齢でしたが、とても活き活きしていて、有機農業に取り組んでいました。それに憧れて、私も農業に入ってという気持ちがありました。そういう地域の雰囲気があったから、学校給食もそうなったんだと思っています。

――熱塩加納小学校に触発されて、喜多方市内でほかに取り組みを始めたところはありますか。

山口　市内でも同様の取り組みがありますが、熱塩加納と同じものは今のところありません。市内でも、旧町村のまとまりでは試みているところはあります。喜多方市全体としても、有機とまではいかないまでも、地場産品の活用をもっとしていこうという動きはあります。熱塩加納方式の学校給食をいかに広めていくかということが、市の課題としてあげられていて、その会議に、私も参加しています。こんなことがありました。ある地域で有機給食に取り組んだ結果、できてきた給食には海外の有機食材が使われていたそうです。それでいいのか。有機だから何でもいいのかということはあると思います。ここでは、有機もありますが、有機でなければ絶対だめだということではありません。外国産の有機農産物よりは、地場産のものを使った方がいいと思っています。そういった点では、最近の、国の「みどりの食料システム戦略」で、より進むのではないかと、一定の評価ができるでしょう。やっぱり、地場産のものを地元の人たちに供給するのが、自然なあり方ではないかと考えています。そのなかで、有機であればベストだということでしょう。

――食育にあたって、子どもたちには、「食べる」ことはどういうことだと説明しているのですか。

黒子　いろいろな意見があるとは思いますが、私が子どもたちに伝えたいのは、「食」の字は「人を良」と書きますので、食事をすることによって、心を豊かにし、自分自身がもてる力をどんどん発揮することの原動力になるものといっています。とくに、心を豊かにする面で、社会性、食文化、感謝の心を表していくことが大事だと思っていて、その延長線上に、熱塩加納地区への愛情を大事にしていくということだと思います。そこでは、人と人とのつながりも重要視して、自分自身の心を豊かなにし、もてる力を十分に発揮するために大切なことが「食べること」だということです。人間は、食べなければ活動できないし、存在もできません。そうして、子どもたちには、学年に応じて、話をしていきたいと思っています。

なお、給食時の学校放送では、食育教育として、栄養士が毎日、食育にかかわる内容の原稿をつくって、それを子どもたちが放送しています。「いただきます」の意味、お米の字は「八十八」と書き、そこには農家の苦労が示されていること、などが放送されています。

――ほかの県で、同様な取り組みを進めようとした場合、どんな点に気を配ればいいでしょうか。

山口　私なりに考えると、それぞれの県には特産物があるでしょうが、それだけを学校給食に使うのは無理でしょう。むしろ、普段食べているごく普通の野菜などを学校給食に取り入れるのがいいと思います。そのなかでときどき、特産品を組み合わせていけばいいのではないでしょうか。全国各地に、地場産の農産物を給食に供給している例があるようです。

――そうした給食を経験している熱塩加納地区の子どもたちは、他校の子どもたちと異なる点はありますか。

吉田　私は昨年赴任してきましたが、そのとき、熱塩加納の子どもたちには、奥ゆかしい、おとなしい、思っていることを表現できない、という第一印象をもちました。これをどうにか変えていかなければと考え、そこで校長先生がきっかけにしたのが、農業科でした。農業科で学んだことを発信します。学校にいろいろなお客さんがくるたびに、表現力をつけることを試みました。すると子どもたちは、昨年の終わりころから、自分で思いを発信しようというふうに少しずつ変わってきたと感じています。あいさつでも、目に見えて変わってきています。

私は以前、福島市の学校に勤めていましたが、都市の学校には積極的な子どもたちがたくさんいて、それが深い学びにつながっていくので、この熱塩加納でも、農業科を核にした学びを推進していって、もっと積極的になって、自分で発信できるようになってもらいたいと、取り組みを進めていきたいと考えています。

――　ＪＡとしては、有機給食についてどうみていますか。

山口　有機農業の推進については、なかなか厳しいものがあると思います。農協として、まだ組織的に動いているわけではありません。理事のなかには、私のように有機ＪＡＳの認証を受けている方もいますが、有機農産物を農協として販売していくことについても、進んではいません。ただ、食農教育の必要性が認識されていますので、農協としても、しっかり取り組んでいかなければならないと思っています。食農活動は、未来への投資だと考えています。農業科や学校給食で、地元の子どもたちが農と食に触れ合うなかで、将来大人になったときに、今度は、消費者になっても、地場産あるいは国産のものを消費してもらう、それは私たち農家の核になると思います。そういった観点からすると、農協としても食農活動にもっと力をいれて、学校給食も含めて、取り組んでいかなければならないと考えます。喜多方市でも、農協に事務局をおいて、学校給食に地場産の野菜を提供しているところがありますが、今のところ、そこだけではないかと思います。そうしたことをもっと広めていければと思っています。農協理事としての私の夢は、会津地区の市町村では会津産の米で完全米飯給食をやるということです。

――まごころの会の以前の会長さんから、「宝物」といって見せていただいたものがありました。それは、招待給食への招待状でした。

山口　ほんとうに、地産地消、地域のつながりだと思います。

――先生方からみて、熱塩加納小学校のユニークな点はどういうところでしょうか。

吉田　子どもたちは生まれたときから、この給食を経験しているので、これが普通だと思っています。保護者の方もそうです。農業科での学びや放送など、農業にかかわることをたくさん経験しており、これが普通だと思ってしまっているようです。実はそれが普通ではないということを気づかせてあげたいとも思います。子どもは中学校まではほぼ同じ環境で育ちますが、もし高校に行って、この地域をでたとき、きっとこの地区の素晴らしさと、自分たち子どものことを考えてくれていた学校給食だったのだということに気が付くと思います。

黒子　私はこの四月に着任しました。米の栽培についての学習はほかの学校でもたくさんやっています。福島市や二本松市のような都市部の学校でも、学校田があって、地域の農家の方の指導のもと、米づくりを学んでいました。バケツに苗を植えて、五年生が稲の栽培をしていました。前任の小学校でも稲作の勉強をしていましたが、そこでは、とりあえず水田に行って、農家の方が用意してくれた苗を、ちょっと水田に入って植えるだけで、あとは、実ったら、用意された鎌で、けがをしないように刈り取ります。そこで終わりです。

喜多方市の農業科は有名で、着任する前からその存在は知っていましたが、まず種籾から植えるのに驚きました。自分たちで、苗になっていくところもみます。除草も自分たちの手でします。ほかの学校に比べて、非常に手がかかっています。おそらく、子どもたちはこれが当たり前だと思っているでしょうが、実は当たり前ではないのです。地域の方がそこまで入ってきてくれて、いろんなことを教えてくれているからできることです。それが特別なことだということを、子どもたちに伝えたいと思っています。おそらく、この有難味を本当に感じるのは、きっと、大人になって、ふるさとを思い出したときや、生産者となって子どもたちと接したときに、実感として味わえるのではないでしょうか。ほんとうに、将来への投資です。これからの、熱塩加納、喜多方市を支える子どもたちにとってのベースになるものではないかと感じました。

――給食については、最初はどうお感じになりましたか。

黒子　先ほど、給食を食べ始めてから痩せたといいましたが、やはり給食のおかげだと思います。既製品はあまり使っておらず、手づくり感が感じられました。健康管理には食が大事だと改めて思い知らされました。

山口　私も招待を含めて、何度も給食を食べますが、ものすごく薄味です。栄養士がきちんと計算して、一食分の食事の塩分が計測されています。われわれにとっては薄味に感じられますが、実はそれが健康的な食事なんだろうなと思います。以前、栄養士から次のようにいわれたことがありました。主食が米ではなくてパンや麺だと非常に計算がしづらい。つまり、パンや麺にはすでに塩分が入っているからです。米だったら、含まれている塩分を考えなくていいといっていました。そういう観点からも、米飯給食をどんどん増やしていく必要はあると思います。

（二〇二三・九・一二）

二〇二四年度農林予算の概要

会員　下山　隆雄

二〇二四年度政府予算案は三月二日、衆議院本会議で与党の賛成多数で可決し、参議院に送られた。憲法の規定により、年度内の予算成立が確定した（原稿執筆時点）。一般会計は、前年度当初予算比一兆八〇九五億円減の一一二兆五七一七億円。防衛費の強化などに加え、能登半島地震の復旧・復興対策に予備費を増額した。農林水産関係予算は前年度当初予算比三億円増の二兆二六八三億円となった。政府は近年、前年度補正予算と当初予算の一体化を強調してきた。昨年末に成立した二三年度補正予算との合計額は三兆八六八億円であり、二二年度第二次補正予算と二三年度当初予算の合計額と比べると二一億円の減額となっている。

基本政策の見直しを反映

二四年度の予算編成で農林水産省は、食料安全保障の強化と環境負荷の低減、人口減少への対応などに重点を置いた。通常国会には、食料・農業・農村基本法改正案を提出しており、地政学的なリスクや世界的な人口増加に伴う食料需給の変化、気候変動による自然災害の頻発化・激甚化などの情勢変化を踏まえた基本政策の見直し方向が予算にも反映されている。

食料安全保障の強化では、水田活用の直接支払交付金などに三〇一五億円を計上した。水田での麦・大豆や米粉用米など戦略作物の本作化、水田の畑地化を推進する。国産小麦・大豆供給力強化総合対策には補正予算と合わせて五一億円を措置した。団地化やブロックローテーションの取り組みを促す。国産飼料の生産・利用拡大では、飼料増産・安定供給対策一八億円や補正予算の飼料自給率向上緊急対策一三〇億円などを充てる。

農業生産基盤の強化では、持続的生産強化対策事業に一五〇億円を計上した。昨年の記録的な高温による米の品質低下などの影響を踏まえ、高温耐性品種導入などの転換支援などを措置した。

生産資材の確保と安定供給では、肥料の国産化・安定供給に一億円を計上。補正予算と合わせた六九億円で、堆肥の原料供給事業者と製造事業者、利用者の連携によるペレット化などの施設整備や圃場での効果実証などを支援する。

輸出促進では認定品目団体の活動支援を強化

農産物・食品の輸出促進では、輸出産地の形成・供給体制の強化などを進める。マーケットインによる海外での販売力強化には二四億円を計上し、補正予算と合わせて八三億円を確保した。認定品目団体（生産から輸出までの事業者による品目ごとの輸出連携組織）による市場開拓などの取り組みを支援する。

知的財産の実効的な保護・活用と海外流出の防止には四億円を計上し、補正予算と合わせて一四億円を確保した。農業知財専門の人材育成・確保のほか、植物新品種の保護・活用に向け、育成者権者に代わって海外への品種登録や海外ライセンスの管理を行う育成者権管理機関の取り組みを推進する。

適正な価格形成には一億円を計上し、補正予算と合わせて六億円を確保した。生産コスト指標の作成・検証や価格転嫁に関する実態調査、消費者の理解醸成を図る広報などに取り組む。

トラックドライバーの時間外労働時間規制による物流の二〇二四年問題への対応では、持続可能な食品等流通対策事業に二億円を計上。補正予算で二七億円など関連の事業も措置され、標準パレットの導入支援など物流の標準化に加え、デジタル化やデータ連係、物流拠点の整備などを進める。買い物困難者や経済的な困窮者の食品アクセス対策では、食品アクセス確保対策推進事業などの三億円を充てる。

地域計画策定の促進予算を拡充

農業の持続的発展では、地域の農地利用と担い手を明確化する地域計画の策定期限が二四年度末（二五年三月末）となっていることから、地域計画策定推進緊急対策事業に一四億円、機構集積協力金交付事業に六億円、農地利用効率化等支援交付金に一一億円などを措置した。市町村による地域計画策定に向けた協議などを支援する。

専門的な経営・技術などの提供を通じて経営体の活動を支える農業支援サービス事業体の育成・確保には一一億円を計上し、補正予算と合わせて二一億円を確保。事業化に向けたニーズ調査や専門人材の育成などを進める。新規就農者の育成には一二一億円を確保し、研修資金や経営開始資金、雇用就農促進資金などを措置した。

経営安定対策の充実では、品目を問わず農業者の収入減少を補てんする収入保険の加入促進を掲げ、三四八億円（前年度三〇六億円）を確保した。

スマート農業技術の実用化では、技術開発などの総合的支援に四四億円を計上。スマート農業技術の開発・改良や実装に向けた栽培体系の転換、スマート農業技術を活用するサービス事業体の創出などを促す。

農村の振興では、農山漁村振興交付金に八四億円を措置し、補正予算と合わせて八九億円を確保。農泊地域の高付加価値化や農村ＲＭＯ（農村型地域運営組織）の形成を推進し、棚田地域の振興や地域づくり人材の育成などに取り組む。

環境負荷低減の取り組みを促進

みどりの食料システム戦略による環境負荷低減では、技術開発・実証事業に三〇億円を確保した。気候変動やスマート農業技術に対応する新品種や育種素材の開発、有機農業の拡大に資する技術開発の支援、研究成果の社会実装に向けた環境整備などを一体的に推進する。また、みどりの食料システム戦略推進総合対策の七億円や補正予算で措置した同緊急対策事業二七億円では、生産、加工・流通、消費までの各段階で環境負荷低減を進めるモデル先進地域の創出と環境支援、グリーンな栽培体系への転換や有機農業の拡大、有機農産物の学校給食への供給などに取り組む。

（しもやま　たかお・農業共済新聞）

地方記者の目

一緒に揺れ、一緒におびえ、一緒に泣きます

＝能登半島地震　取材者として被災者の一人として＝

中日新聞北陸本社　七尾支局長　**前口　憲幸**

目立つ復旧の遅れ

桜だよりが話題になる季節なのに、年度が替わり、草木が芽吹き、気持ちが軽くなるはずの春なのに、何となくどんよりしている。どうしても晴れ晴れとしない。心の隅っこで、いつも被災地のことを、被災者のことを考えている自分がいる。

元旦の能登半島を襲った大地震から、三カ月。この地に拠点を置く地元メディアの取材者として、心を落ち着けて、ペンを握る日々だ。余震で目が覚める朝を経験し、断水でトイレが流せず、専用の袋で用を足す不自由さを知っている被災者の一人として、声なき声に耳を傾ける日々だ。

誤解を恐れず、オブラートに包まず、情けをかけずに言う。能登の危機だと思っている。過疎が

深刻な市や町が肩寄せ合う半島は激しく壊れ、もがき、喘いでいる。世界農業遺産に日本で初めて認定された「能登の里山里海」は大打撃を受けた。半島の各地で田畑が割れ、亀裂が走り、液状化でぐちゃぐちゃになっている。納屋がつぶれ、用水路は決壊。農機具が流れた。冠水した自分の田を前に、農家の七〇代男性が声を絞り出す。「どっから手をつけていいか、分からん。もう少し田んぼ続けるつもりやったけどな、もうどうしようもない。無理や」。返す言葉が見つからない。

関連死を含め、二四〇人余りが亡くなった。発生から一〇〇日に迫ろうというのに、なお安否が分からない人がいる。その家族は、どんな思いでがれきの山を見つめているのだろう。能登の各地では、自宅が崩れたり、流されたり、焼かれたりした八一〇〇人超が避難所生活を送っている。

最大約一一万戸に上った断水は、ここにきてようやく八〇〇〇戸を下回ったが、さいはての珠洲市ではほぼ全域でまだ水道が使えない。熊本地震では最大四四万戸超が断水したが、約一カ月後にはほぼ復旧した。阪神大震災や東日本大震災でも、約二カ月後には作業を終えている。能登の復旧の遅れは顕著だ。

「能登はやさしや土までも」

だからこそ、もたもたしているからこそ、生活再建が難航しているからこそ、地元メディアとして伝えたい。中日新聞社は総力取材を継続し、応援の記者が担当エリアの枠を越え、次々と災害現場に入っている。北陸をはじめ、東京や名古屋、浜松の各本社に所属する二八〇人超が巨大なLINEグループで思いを一つにし、リアルタイムで情報共有している。

能登半島の真ん中に位置する七尾支局（七尾市）は、能登地方の四市五町を統括する。地震取材の前線基地となり、災害報道の拠点としてフル回転している。

奥能登の珠洲市や輪島市と比べると、被害は少なかったが、今も災害派遣の自衛隊車両が頻繁に行き来する。防災無線が響く日常がある。「給水の時間は――」「支援物資の配布は――」。そんな案内が窓の外から届くたび、気持ちが萎える。罪悪感がわいてきて、ため息が出る。

七尾支局の断水は一カ月余りで解消した。今は蛇口をひねればジャーッと出てくる。顔を洗える。トイレが流せる。風呂にも入れる。だけどすぐ近くに今も給水車を待つ人がいる。それが現実だ。奥能登では断水と停電の二重苦が続くエリアもある。そして何よりも家を、大切な家族を失い、避難所で毛布をかぶっている人たちが大勢いる。そんな思いが巡るから、誰かを裏切っているような、何だか複雑な気持ちになる。

取材先。折に触れる能登の人たちの思いやりはあまりに深い。断水にもかかわらず、ガスコンロで湯を沸かし、コーヒーを入れて迎えてくれる。時にじんわり涙しながら、飾らぬ言葉で語ってくれる。帰り際、地震で壊れた棚からミカンを出して「持ってって」。これが能登の被災者の心だ。

東京都心が八センチほどの積雪を観測し、多くのけが人が出た二月初旬。避難所のテレビを見ながらお年寄りがつぶやいた。「都会の人ら大変や。雪で転んどるがいね。かわいそうに」。わが身よりも相手を思う。これが能登の被災者の心だ。

　刻一刻と変わる被災地の今を、被災しても変わらない律義な被災者の心を、きめ細かに、つぶさに拾い上げていくことを誓う。首相の視察が早いとか遅いとか、国会議員が炊き出しを食べるのはありとかなしとか、そうした議論は大事かもしれない。でも、それと同じくらいに、それ以上に、能登の被災者の思いを知ってもらうことが大事だと信じている。「能登はやさしや土までも」のリアルをもっと伝えたい。半島の記者たちはその一心で被災地を歩いている。

能登に寄り添ってもらいたいから、ペンを握る

　先日、輪島市の名勝・白米千枚田を訪ねた。日本海に面した山の斜面に一〇〇四枚の棚田が連なる絶景だが、あぜはひび割れ、茶色い土がむき出しに。歩道はあちこちが陥没していた。段々になった幾何学模様は丸みを帯び、のっぺりとしてメリハリがない。それでも、近くに建つ歌碑に勇気をもらった。戦前戦後の歌人土屋文明の一首が刻まれたモニュメント。大きな揺れに耐え、倒れずに、どっしりと座っていた。

「一椀にも　足らぬばかりの　田を並べ　継ぎて来にける　国を思ふも」

　はるか遠くに続く棚田を眺めると、そこに広がっている田んぼ一枚一枚はとても小さく、一杯の米

も収穫できそうにない。それでも一途に、丁寧に耕し続ける能登の人たちの粘り強さに感心する——という意味だ。

四〇〇年も前から、大切にされてきた棚田。遠い昔、何度も、何度もピンチがあったことだろう。それでも、先人たちは決してあきらめることなく、受け継いできた。今春も必ずや、一〇〇四枚に水が張られると信じたい。真っすぐに建つ土屋の歌碑に、芯のある強さを感じずにはいられない。

立春を過ぎたとある日、七尾支局に読者から便りが届いた。便箋二枚。細かな文字でびっしりと埋まっている。五五年前に能登半島を一周したという群馬県桐生市の男性で「能登の人たちの情けに触れました」と書いてある。そして、能登の被害を報じる中日新聞を読んで「涙こぼれます」とつづっている。東日本大震災を機に地域福祉に取り組んでいると自らの活動を紹介。先日出席した会合では中日新聞の記事を紹介して「能登に心を寄せよう」と呼びかけたという。

この地を拠点にする取材者として、被災者として、まさに今、能登の情けに触れている。親や子の命が無情にも奪われた現場に立ち、こらえきれずに涙こぼしている。

地震から三カ月とか半年とか一年、五年、一〇年とか節目は関係ない。さざ波のようにさーっと押し寄せたり、すーっと引いたりしない。この地で暮らし、誰かと会ってうんうんとうなずき、いつも近くで共感し、不安を抱き、怒り、泣き、笑う地元紙でありたいと思う。この先ずっと能登に寄り添ってもらいたいから、ペンを握る。それが読者への恩返しではないか。そう思っている。

輪島市の名勝「白米千枚田」。無数の亀裂が走り、段々の棚田は丸みを帯びている。

地震から３カ月、なおほぼ全域で断水が続く珠洲市。液状化により、道路のあちこちでマンホールが飛び出ている。

海外レポート

報告1　EUが環境規制を緩和＝農家の反発で軌道修正＝

会員　菅　正治

農業に対する環境規制を強めてきた欧州連合（EU）が、一転して規制緩和の方向に動き出した。EUの政策に大きな影響を及ぼす五年に一度の欧州議会選挙を六月に控える中、規制に対応するためにさまざまな負担が増えるとして農家が反発し、域内各地で抗議行動が活発化したことで、軌道修正を迫られた。環境への配慮と農家所得の増加という課題を両立させるため、EU当局は難しいかじ取りを迫られている。

◇二〇二〇年五月に「ファーム・トゥー・フォーク戦略」

EUの執行機関である欧州委員会は二〇二〇年五月、中長期的な農業・食料政策として「ファーム・トゥー・フォーク（農場から食卓まで）戦略」を打ち出した。二〇五〇年までに温室効果ガス排出量の実質ゼロを目指す「欧州グリーンディール」の一環として、持続可能な農業の実現に向け、環境対策を強化するのが柱となっている。具体的な目標として、二〇三〇年までに①化学農薬の使用量を五〇％削減する②化学肥料の使用量を二〇％削減する③有機農業の栽培面積を全農地の二五％に拡大するといった野心的な内容が盛り込まれた。

これを受け、ＥＵの共通農業政策（ＣＡＰ）も環境対策を強化する方向にシフトしている。欧州委員会は、二〇二三年一月に始まった新たなＣＡＰについて、環境保護や生物多様性の維持などを主要目標に掲げ、「よりグリーン、より公正、より柔軟になった」とアピールする。具体的には、「エコスキーム」として、直接支払いの二五％以上を環境に配慮した取り組みを行う農家に充てるよう定めた。欧州委員会の方針に沿い、各加盟国が戦略計画として具体的な内容を定め、実行に移している。

こうした政策は環境団体の意向を大きく反映した内容であったため、当初から農業界には否定的な声が多かった。ＥＵ最大の農業団体コパ・コジェカは、ファーム・トゥー・フォーク戦略について、環境対策を強化する方向性には一定の理解を示しつつ、「規制を大幅に強化すれば、農業生産が大きく減少し、ＥＵの食料安全保障を損なう」と批判してきた。

ＥＵは同戦略を次世代の農業・食料政策の国際標準とすることを目指し、日本は二〇二一年五月に公表した「みどりの食料システム戦略」で、農薬の五〇％削減や有機農業の二五％への拡大を打ち出すなど、EUに追随する姿勢を見せている。これに対し、米農務省（USDA）は二〇二〇年秋、同戦略を実行すれば、EUの農業生産は一二％減るとの異例のリポートを公表してけん制した。世界全体で実施されれば、世界の農業生産は一一％減少し、食料価格は八九％も値上がりし、一億八五〇〇万人が食料不安に陥るとの試算も示している。

◇農薬半減法案が議会で否決

こうしたEUの農業政策にとって大きな転機となったのが、二〇三〇年までに農薬使用量を五〇％減らす法案について、欧州議会が二〇二三年十一月に否決したことだった。ファーム・トゥー・フォーク戦略の実現を後押しするため、欧州委員会が一年以上前にこの法案を提出したものの、審議は難航し、最大会派で中道右派の欧州人民党（EPP）など多くの議員が反対するという結果となった。議会では、同戦略への不満が予想以上に大きいことが浮き彫りとなった。

EPPは反対した理由について「欧州の食料生産を減らしたり、農家の生産を妨げたりする措置を支持しない」と説明した。コパ・コジェカも法案否決を歓迎する声明を出し、「（農薬削減の）現実的な目標と支援が必要だ」と主張。右派の支持を得るために妥協が行われ、法案が骨抜きになったとして、立法化を主導してきた緑の党の議員も一転して反対に回った。これに対し、法案を支持した左派グループは「ＥＰＰなど右派は農薬業界と手を組んでいる。農薬業界のロビー活動が成功を収めた」と批判した。

欧州委員会はその後も立法化に向けて再調整を続けたものの、最終的に断念。フォンデアライエン委員長は二〇二四年二月上旬、農薬半減法案を撤回すると表明した。欧州各地で農家の抗議行動が活発化したことに触れ、「農薬半減法案が分断の象徴になった」と述べ、この法案が農家の反発を招いた主因だと分析した。その上で、一月に欧州委員会が立ち上げた農業関係者らとの戦略対話を通じ、中長期的な農業政策を再検討する方針を明らかにした。これにより、ファーム・トゥー・フォーク戦略が見直される公算が大きくなっている。

◇欧州各地で農家がデモ

ＥＵでは、環境対策が遅れていたオランダが二〇二二年六月、家畜の糞尿などに含まれる窒素の排出量を二〇三〇年までに五〇％削減する目標を打ち出したことに農家が反発し、大規模なデモが発生。二〇二三年一一月の総選挙では、環境規制の強化に反対する極右政党の自由党が第一党となり、衝撃が広がった。

ドイツでは同一二月にデモが本格化した。新型コロナウイルス対策で使い残した予算の使途変更を認めない決定を裁判所が下し、歳出の見直しを迫られたことがきっかけだった。ショルツ政権は、農業用のディーゼル燃料や車両の購入に対する優遇税制の廃止を含む予算削減案を打ち出したことに農家が猛反発。連立政権の内部からもデモを支持する声が出るなど、農業予算の削減案が大きな論争を引き起こした。

最終的にショルツ政権は二〇二四年一月、予算削減案を見直すことを表明。しかし、欧州メディアによると、デモに参加したある若手農家は「ここに来たのはディーゼル燃料のためだけではない。ここ数年や数十年、われわれはますます多くの厳しい規制やルールを課されてきた」と怒りをあらわにした。ＣＡＰやファーム・トゥー・フォーク戦略により、環境規制が次第に強化されてきたことへの不満を滲ませた。

こうした大規模な抗議行動は、ドイツのほか、ベルギーやフランス、スペイン、イタリアなど、ＥＵの各地で発生したと報じられている。ハンガリーやポーランドなど東欧諸国では、安価なウクライナ産農産物が大量に流入して価格が下がり、苦境に陥った農家が輸入制限を求めてデモを起こした。ブラジルやアルゼンチンなどが参加する南米南部共同市場（メルコスール）とＥＵの自由貿易協定（ＦＴＡ）への反対を主張したデモも発生した。

シンクタンク「ＭＣＣブリュッセル」は「行き過ぎたＥＵの環境政策はここで作られている」として、ＥＵ本部があるベルギー・ブリュッセルでのデモを呼び掛けた。国や地域によって訴える内容はさまざまだが、環境規制への対応のために手間やコストが増える中、予算削減や農業資材の高騰、環境規制の緩い国からの農産物の流入などが追い打ちを掛け、農家の不満がついに爆発したのが実情のようだ。極右政党が農家のデモをあおっているとの指摘もある。欧州議会選挙を控え、ＥＵ当局がこうした勢力の躍進への危機感を募らせ、環境規制の見直しという形で妥協を迫られている側面もある。

◇戦略対話で農業政策を再検討

一月に設置された戦略対話は、農業関係者らから幅広く意見を聴いた上で、農業・食料政策を再検討する。政策立案に農家の意見を多く反映させる必要があるとして、フォンデアライエン委員長が二〇二三年九月の演説でこうした会合を設けると表明。一部から「遅い」と批判されながらも、ようやく始動した。コパ・コジェカなどの農業団体やグリーンピースなどの環境団体、金融機関、大学など約三〇機関が参加。議長に就いたドイツのシュトロシュナイダー教授は「農業と自然保護を両立させるのが戦略対話の狙いだ」と説明した。

戦略対話は一~七月に五回の全体会合を開いた後、今夏に議論の結果を報告書にまとめ、欧州委員会に提出する段取りとなっている。結論は六月六~九日の欧州議会選挙以降に先送りとなり、内容は中長期的な政策が中心となる見通し。迅速な対応を求める農家から「短期的な対策がなく不十分だ」と批判され、欧州委員会は一月末以降、ＣＡＰに基づく受給条件を緩和するといった農家支援策も相次いで打ち出している。

現行のＣＡＰは、農家に対する直接支払いに関し、環境保全を目的に、農地の一定割合を休耕地にしたり、輪作を行ったりするなどの条件を課している。こうした条件が厳しすぎるとの不満が多く寄せられたことを踏まえ、「新たな現実に対応したＣＡＰの簡素化」として、一〇ヘクタール未満の小規模農家について、適用を事実上見送ることを決めた。

欧州委員会は、適用が見送られる農家は全体の六五％に上るとして、行政負担の大幅な軽減につながるとアピール。引き続き適用対象となる農家についても、休耕地や輪作の条件を緩和したり、加盟国の裁量を拡大したりすることで、農家の負担を軽減できるようにした。フォンデアライエン委員長は三月中旬に声明を出し、「欧州委員会は、農家が多くの課題や困難に直面する中、力強く迅速な行動を取る。環境保全と気候変動という優先課題に取り組みつつ、農業政策は変化する現実に適応させていく」と説明した。

これに対し、コパ・コジェカは「正しい方向への一歩として支持する」と一定の評価を示しつつ、「さらに柔軟性が必要だ」と不満を滲ませている。ＥＵ当局と農業界の綱引きはまだ続きそうだ。

（すが　まさはる・時事通信社記者）

報告2　日本農政ジャーナリストの会へのメッセージ（抜粋）

二〇二三ＩＦＡＪカナダ大会共同議長　トレバー・バック
（翻訳：会員　小倉千沙）

◇カナダ大会で伝えたかったこと

カナダ大会の重要なメッセージは、カナダの農業セクターの多様性と技術を紹介することでした。特にアルバータ州は、国内で最もユニークで変化に富んだ農業州のひとつです。

三〇カ国以上からの代表団をお迎えし、素晴らしい時間を過ごすことができました。素晴らしい農業イベントとなっただけでなく、アイデアや情報の文化交流もできる、またとない機会でした。カナダと他国のジャーナリストの間には、多くの仕事上の関係が築かれました。

実際に、私たちは、世界中のジャーナリストが互いに助け合い、連絡先や地元の農業に関する情報を提供し合うことで、このようなパートナーシップが実際に機能している証拠を目の当たりにしています。

ＩＦＡＪは世界中の農業・食品産業に係るジャーナリストやライターをつなぐ、重要なリンクとしての役割を果たしており、カナダ農業ライター連盟（ＣＦＷＦ）は、ＩＦＡＪに参画することは、会員にとっての譲れない権利と考えています。ＣＦＷＦは、会費や今後のＩＦＡＪ大会やその他のミニ・イベントへの参加・促進を通じて、持続的にＩＦＡＪを支援し続けたいと考えています。

◇日本人参加者との交流

日本農政ジャーナリストの会の会員の皆さんが、カナダ大会に参加してくれたことをとても嬉しく思います！

日本農政ジャーナリストの会の会員たちは、いつも非常に礼儀正しく、プロフェッショナルで、礼儀正しく、親切です。貴会には、単に休暇を過ごすために参加しているのではなく、学びたいという真剣なメンバーがいらっしゃることは、明らかだと思います。

◇二〇二四年スイス大会へのメッセージ

ＣＦＷＦのカナダ代表団は、日本農政ジャーナリストの会の皆さんと、二〇二四年にスイスで再会し、よりグローバルな農業について学び、ＩＦＡＪの豊かな伝統を継承するために他の多くのギルドのメンバーと一緒に交流することを、とても楽しみにしています！

（翻訳：おぐら　ちさ・株式会社メロス代表取締役）

編集後記

▽…もう四〇年余前になるだろうか。革命前夜を描いた「早春の二月」（一九六三年製作）という中国映画を観た。映像も美しく、題名に魅かれたこともあるが、今でも二月になると（誕生月でもある）特別な思いになる。今年の二月は久々に伊豆を旅した。立ち寄った先の一つが修善寺近くの「農の駅」。大きな看板が目を引く。JAふじ伊豆の農産物直売所だが、生シイタケの肉厚でジャンボな大きさに驚く。当地は生シイタケの主産地として知られ、これも五〇年余前に取材したことが蘇った。農産物直売所は「道の駅」に併設されているところも少なくないが、「農の駅」という看板を見てから、JA単独の店舗なら店名の前に「農の駅」という統一した冠を前面に掲げることこが、地産地消のネットワークづくりに相応しいとの思いを新たにした。

▽…今号の特集は「有機給食が地域を変える」。四半世紀ぶりの「基本法改正案」の国会審議が行われている中で、農政の縮図・断面とみなされ、食育の原点でもあるのは学校給食だ。現場での先進的な実践経験に基づく研究会講師六氏の報告を聞いて、このことを改めて痛感した。学校給食の〝オール無償化〟を国策として推進することは、もはや待った無しだ。

▽…地球的規模の気候変動に加え、感染症の蔓延が止まらない中、「戦争をしている暇はない」。最近の講演会で聴いた気象学者の熱弁が今も耳に残る。戦争は多くの二酸化炭素をまき散らす。平和な地球と食料の安定供給こそが人類を救う、当たり前の日常を取り戻したい。

（T）

日本農業の動き No.222

有機給食が地域を変える

定価は裏表紙に表示してあります（送料は実費）。

二〇二四年五月一日発行©

発行 農政ジャーナリストの会

編集 会長 日向 志郎

〒100-6826 東京都千代田区大手町一の三の一（JAビル）

電話 (03) 六二六九-九七七二

FAX (03) 六二六九-九七七三

販売 一般社団法人 農山漁村文化協会

〒335-0022 埼玉県戸田市上戸田二-二-二

電話 〇四八-二三三-九三五一

URL:https://www.ruralnet.or.jp/

振替 〇〇一二〇-三-一四四四七八

購読のお申込みは近くの書店か、直接発行・発売元へご連絡下さい。バックナンバーもご利用下さい。

PRINTED IN JAPAN 2024 ISBN978-4-540-23064-6 C0061